Viviane Theby
Michaela Hares

AGILITY

W0181410

Kosmos

Grundlagen des Lernens ▶ 4

Die einzelnen Hindernisse ▶ 15

Der Pacours ▶ 52

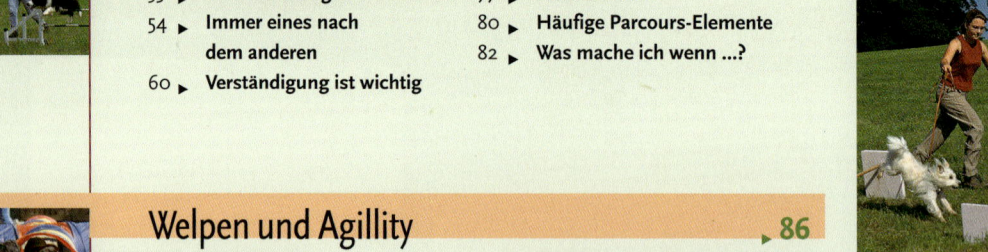

Welpen und Agillity ▶ 86

Gesundheit und Fitness ▶ 96

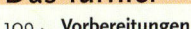

Das Turnier ▸ 108

Service ▸ 117

Grundlagen des Lernens

Wir können hier nicht die gesamte Lerntheorie besprechen, darüber gibt es schon andere Bücher, die Sie in unserer Bücherempfehlung finden. Einige Dinge sind uns aber auch im Zusammenhang mit der Agility-Ausbildung sehr wichtig, deshalb werden wir sie hier kurz erwähnen. Mit dem Wissen um diese Lernzusammenhänge können Sie die Ausbildung um einiges beschleunigen, dem Hund die Ausbildung sehr viel angenehmer machen und außerdem noch eine ganze Menge über Ihren Hund lernen.

Wir möchten Ihnen helfen, ein guter Ausbilder zu werden. Eigentlich braucht man dazu nur sehr wenige Dinge zu beachten.

Ein guter Ausbilder besitzt folgende Eigenschaften:
▶ Konsequenz
▶ Gutes Timing
▶ Flexibilität
Sehen wir uns die einzelnen Punkte genauer an.

▶ Konsequenz

Mit Konsequenz ist kein strenges Durchgreifen gemeint, wie es leider so oft missverstanden wird. Dazu gesellt sich dann leider noch oft dieser Irrglaube, man müsste nur dominant sein und der Hund macht alles, was man ihm sagt. Das Ergebnis sind Hunde, die sich kaum noch trauen, irgendetwas zu machen.

Das wollen wir nicht. Wir wollen Hunde, die mitdenken und die Spaß daran haben, mit uns zusammen zu sein. Außerdem wollen wir, dass die Hunde uns verstehen, wenn wir ihnen etwas beibringen wollen. Und genau dazu muss man konsequent sein. Konsequenz bedeutet, dem Hund klare und eindeutige Signale zu geben, die man dann auch so beibehält. Dazu ein Beispiel: Sie üben mit Ihrem Hund »Komm« und erwarten, dass er schön zu Ihnen kommt. Dann befinden Sie sich auf einem Spaziergang, sind gerade im Gespräch mit einem Bekannten vertieft und stellen beiläufig fest, dass sich Ihr Hund etwas weit entfernt hat. Sie rufen ihn also mit »Komm« wieder zu sich. Der Hund reagiert auch zunächst darauf, kommt einige Schritte heran, zögert dann jedoch, weil er Sie im Gespräch vertieft sieht. Sie sind zufrieden, weil er ja wieder nahe genug ist und loben ihn sogar, weil er gefolgt hat, wenden sich dann aber wieder Ihrem Bekannten zu. Oder Sie wollen Ihrem Hund beibringen, sich am Bürgersteig immer hinzusetzen, bevor die Straße überquert wird. Sie gehen auf einen Zebrastreifen zu, die Autofahrer halten schon an und es ist Ihnen unangenehm, die so lange warten zu lassen, bis Sie mit dem Hund das eigentlich geplante »Sitz« ausgeführt haben. Sie gehen also weiter, ohne dass der Hund sich hinsetzen soll.

Wenn ein Hund etwas als Regel erkennen soll, muss das auch konsequent immer so beibehalten werden.

Kennen Sie solche Situationen? Trösten Sie sich! Das kommt bei den allermeisten Hundehaltern vor, außer eben bei sehr guten Ausbildern. Die unterbrechen nämlich das Gespräch mit dem Bekannten, um den Hund wirklich ganz zu sich hinzurufen, und die lassen auch die Autofahrer kurz warten oder winken sie weiter, damit sie den Hund erst absitzen lassen, bevor sie die Straße überqueren. Denn nur so kann der Hund wirklich lernen, was wir von ihm wollen.

Eine Regel, die einmal aufgestellt wurde, sollte also auch wirklich immer eingehalten werden, damit der Hund diese Regel auch erkennen kann. Das ist Konsequenz. Das heißt nicht, dass sich Regeln nicht auch mal ändern können. Aber auch die neue Regel sollte ab dann konsequent befolgt werden.

Konsequenz hat also nichts mit Schikanieren oder Strengsein zu tun, sondern ist eine wichtige Voraussetzung für die Verständigung mit dem Hund. Stellen Sie sich vor, Sie lernen eine Fremdsprache und die Bedeutung der Worte wechselt alle paar Wochen. Ich denke, es gäbe nur wenige Menschen, die das ohne Probleme lernen

könnten. Hunde haben ein viel kleineres Gehirn als wir. Wir können von ihnen längst nicht die Leistungen erwarten, die wir von einem Menschen erwarten können.

▶ Gutes Timing

Hunde lernen durch Verknüpfungen im Gehirn. Man nennt das assoziatives Lernen. Es können aber nur Dinge verknüpft werden, die auch so gut wie gleichzeitig passieren. Das heißt z.B. wenn ich einen Hund belohnen will, muss das genau in der Sekunde erfolgen, in der das gewünschte Verhalten auftritt. Nur zwei Sekunden später ist es schon zu spät! Der Hund kann nicht mehr das Richtige verknüpfen, wird also letztendlich für ein Verhalten belohnt, das eigentlich nicht beabsichtigt war, und das gewünschte Verhalten geht leer aus. Wir möchten in der Ausbildung über Belohnung und nicht über Zwang arbeiten. Zum Glück setzt sich diese Form der Ausbildung inzwischen immer mehr durch. Man findet immer öfter Ausbilder, die mit Leckerchen oder Spielzeug arbeiten. Das gilt für den Agility-Sport ganz besonders, wo eine gute Motivation des Hundes Voraussetzung ist für gute Leistungen. Das Problem ist eben nur die Sache mit dem Timing. Lassen Sie uns das an einem Beispiel deutlich machen: Der Hund soll lernen, über eine Hürde zu springen. Nun sind dazu – wenn man es sich einmal genau ansieht – verschiedene Dinge von Bedeutung. Da ist zum einen die Höhe, die der Hund springt, die Richtung, die Geschwindigkeit, die Art des Absprungs und der Landung und letztendlich: Bleibt die Stange liegen oder nicht? Stellen Sie sich jetzt aus der Sicht des Hundes vor,

Sie springen und bekommen ein Leckerchen. Beim nächsten Mal springen Sie und bekommen kein Leckerchen. Warum nicht? Was haben Sie falsch gemacht? Es kann einer dieser vielen Gründe sein. Sie werden es eventuell ziemlich schnell herausfinden, was Sie falsch gemacht haben, weil Sie eine genaue Vorstellung vom Sinn und Zweck der Übung haben. Ein Hund hat das nicht. Er muss in dieser Situation lange durch Versuch und Irrtum testen, was richtig und was falsch war. Wenn es darum geht, dass die Stange liegen bleibt, müsste die Belohnung genau in dem Moment kommen, wenn der letzte Fuß die Stange passiert und dabei nicht gerissen hat. Sie können dem Hund jedoch nicht genau in dem Moment ein Leckerchen zustecken, sondern erst, wenn er wieder gelandet ist. Für eine genaue Informationsübermittlung ist es dann jedoch zu spät. Um die Ausbildung effektiver zu gestalten, ist daher ein Markersignal von entscheidender Bedeutung. Mit einem Markersignal können Sie das gewünschte Verhalten genau im richtigen Moment markieren, und der Hund weiß dann, wofür er belohnt wird.

Wenn Sie wirklich gute Ausbilder beobachten, werden Sie feststellen, dass diese – oft sogar ganz unbewusst – ein solches Markersignal einsetzen. Das kann ein Wort sein wie z.B. »Gut«, »Fein« oder was auch immer. Es kann auch eine bestimmte Geste sein, dass z.B. genau in dem richtigen Moment die Hand in die Tasche greift, um dem Hund das Leckerchen hervorzuholen.

Ein Markersignal, was ganz bewusst eingesetzt wird, ist der Klicker. Das ist eine Art Knackfrosch, mit dessen Geräusch gewünschtes Verhalten markiert

werden kann, damit Zeit ist, die Belohnung auch etwas später zu geben. Von allen Markersignalen ist der Klicker der effektivste. Warum, ist letztendlich noch nicht geklärt. Es hat wahrscheinlich etwas mit der Art des Geräusches zu tun. Mit Sicherheit spielt auch die Handhabung eine Rolle. Allein von unseren körperlichen Voraussetzungen werden Informationen über die Nervenbahnen viel schneller zum Daumen geleitet, der dann einfach nur abdrückt, als dass über das Sprachzentrum im Gehirn ein Wort gebildet wird, was über den Stimmapparat erst noch ausgesprochen werden muss.

Ein solches Markersignal ist aus unserer Sicht unerlässlich zu einer effektiven Informationsübermittlung an den Hund.

Sonst sieht man zwar viele Hunde, die durch Leckerchen oder Spielzeug sehr motiviert sind, die jedoch recht langsam lernen. Im schlimmsten Fall hat man einen Hund, der nur noch arbeitet, wenn er das Leckerchen vorgehalten bekommt. Das wollen wir nicht. Wir wollen Hunde, die gerne mitarbei-

Genau in diesem Moment müsste der Hund dafür belohnt werden, dass die Stange noch liegt.

ten, auch ohne Leckerchen und wir wollen eine Möglichkeit haben, ihnen möglichst leicht verständlich zu machen, was wir von ihnen wollen.

Die Erfahrung zeigt auch, dass die Hunde – wenn sie wissen, worum es geht – immer sehr gerne mitarbeiten (mit wenigen Ausnahmen). So haben Sie von vornherein schon eine Grundmotivation, die Sie sich nicht erst mühsam aufbauen müssen, die Sie dann aber – je nach Situation – noch sehr leicht ausbauen können.

So ist dieses Prinzip, mit einem Markersignal zu arbeiten, für eine gute Ausbildung unerlässlich. Ob Sie den Klicker verwenden oder ein anderes Signal bleibt Ihnen überlassen. Speziell mit dem Klicker lernen aber auch Sie am allerbesten, Ihr Timing zu schulen. Und das ist ja genau das, was einen guten Ausbilder ausmacht.

▸ Flexibilität

Das nächste Kriterium eines guten Ausbilders ist die Flexibilität. Das setzt ein enormes Wissen voraus. So gibt es z. B. für jede Übung bestimmt fast so viele Möglichkeiten, sie dem Hund beizubringen, wie es Ausbilder gibt. Und davon sollten Sie so viele wie möglich kennen. Jeder Hund ist nämlich anders; und was für den einen Hund funktioniert, funktioniert für den anderen noch lange nicht. Und auch jedes Hund-Mensch-Team ist unterschiedlich. Für jedes Team sollte man den Ausbildungsweg finden, der beiden am besten liegt. Was nützt es z.B. wenn Sie einen sehr lerneifrigen Hund haben, der hervorragend über das freie Formen (siehe S. 20) lernt, sie jedoch absolut keine Geduld dazu haben? Zu einem gewissen Grad kann man so

etwas lernen; deshalb empfehlen wir auch jedem, es auszuprobieren. Aber wenn man dann feststellt, dass diese Art der Ausbildung nichts für einen ist – oder unter Umständen auch nichts für den Hund – gibt es genügend andere Möglichkeiten, alle mit ihren eigenen Vor- und Nachteilen, die man verwenden kann.

So werden wir auch in diesem Buch nur einige der vielen, vielen Möglichkeiten ansprechen können. Sehen Sie sich immer wieder unterschiedliche Ausbilder an und lernen Sie von ihnen. Man kann von jedem etwas lernen. Selbst wenn Sie jemanden sehen, der z.B. hauptsächlich mit Gewalt arbeitet, was Sie nicht übernehmen möchten, gibt es vielleicht eine winzige Kleinigkeit in der Art und Weise, wie er ein Hindernis angeht oder wie er mit dem Hund umgeht oder was auch immer, was Sie dann in Ihr Repertoire mit aufnehmen können.

Nur wenn Sie viele Möglichkeiten kennen, können Sie auch flexibel sein. Das gilt für Übungsleiter genauso, wie für denjenigen, der seinen eigenen Hund ausbildet.

Was jetzt aber so etwas wie die Kunst einer guten Ausbildung ist, ist die Anwendung dieser Flexibilität. Mit »Kunst« ist der Anteil in der Ausbildung gemeint, den man nicht so ohne weiteres lernen kann.

Als Beispiel sei das Erlernen der Kontaktzonen (siehe Seite 27) erwähnt. Es gibt eine ganze Menge Leute, die sind in dieser Übung sehr flexibel und versuchen alle möglichen Trainingstipps, die sie von anderen Ausbildern ergattern können, um am Ende doch nicht weiterzukommen, bzw. nach einiger Zeit wieder vor demselben Problem zu stehen. Da stimmt es dann oft nicht mit der Konsequenz oder es wird zu schnell vorgegangen und der Hund hat gar keine Chance zu verstehen, worum es eigentlich geht. Wenn Sie sich also erst einmal für eine Möglichkeit entschieden haben, bleiben Sie so lange dabei, bis Sie und der Hund auch die Gelegenheit hatten, sie wirklich zu lernen und sich vertraut damit zu machen. Es bringt nichts, dauernd zu wechseln. Das verwirrt den Hund mehr als das es hilft.

Ein weiterer Punkt, der eine gewisse Flexibilität erfordert, das sind die einzelnen Ausbildungsschritte. So kann es zum Beispiel sein, dass Ihr Hund einige Schritte des Ausbildungsplanes überspringt und die Übung schneller versteht als erwartet. Es kann aber auch sein, dass der Schritt von dem einen bis zum nächsten Ausbildungsziel zu groß gewählt ist. Dann müssen Sie so flexibel sein und noch einige Zwischenschritte einbauen.

Sie sehen, dass sehr gute Ausbildung wirklich wie eine Kunst ist. Es ist wie beim Klavierspielen. Mit der nötigen Übung kann jeder lernen, bestimmte Stücke recht gut zu spielen. Aber richtige Virtuosen wird es nur wenige geben.

In diesem Sinne ... an die Arbeit!

▶ **Aufbau eines Markersignals**

Wie wichtig ein solches Markersignal für die Ausbildung ist, haben wir oben schon angesprochen. Nun geht es darum, wie man es in der Praxis aufbaut und anwendet. Obwohl Sie – wie schon beschrieben – alles Mögliche dafür verwenden können, empfehlen wir für den Anfang doch den Klicker. Er macht viele Dinge deutlicher. Wenn Sie das

Es gibt immer viele Möglichkeiten, einem Hund eine bestimmte Übung, wie hier das sichere Berühren der Kontaktzone, beizubringen.

Prinzip dann verstanden haben und vertraut damit sind, eröffnen sich Ihnen wieder ganz viele Möglichkeiten. So können Sie z.B. den Hund damit auch in Situationen loben, in denen das eigentlich gar nicht erlaubt ist, z.B. während einzelner Übungen in der Begleithundeprüfung. Es kann ein Zungenschnalzen sein oder ein deutliches Ausatmen, was der Hund dann wahrnimmt und versteht, der Richter jedoch nicht.

Aber jetzt zurück zum Thema: Ein Markersignal wird in diesem Fall auch sekundärer positiver Verstärker genannt. Primäre positive Verstärker sind all die Dinge, die der Hund von Natur aus gerne mag. Das sind z.B. Futter, Spielen, Jagen, Laufen, je nach Hund unterschiedlich stark ausgeprägt. Dazu gehört aber z.B. auch, erfolgreich zu sein, Erfolg zu haben. Auch das hat ein Hund sehr gerne und das motiviert ihn.

Ein sekundärer positiver Verstärker hat zunächst keine Bedeutung für den Hund, bekommt diese aber dadurch, dass er immer einen primären positiven Verstärker ankündigt.

Klicker in
verschiedenen
Farben

Wenn der Hund immer nach einem Klick ein Leckerchen bekommt, wird er den Klick lieben lernen. Dasselbe gilt für ein Lobwort oder eine bestimmte Bewegung, wie z.B. der Griff in die Tasche. Die meisten Leute sind sich z.B. gar nicht bewusst, dass sie schon dadurch, dass sie in die Tasche greifen, den Hund belohnen, weil diese Bewegung einen primären Verstärker, nämlich das Leckerchen ankündigt. Beispiel: Der Hund zögert vor dem Hindernis, der Mensch greift in die Tasche, um den Hund mit dem Leckerchen zu

locken. Was passiert in Wirklichkeit? Der Hund wird für das Zögern belohnt und wird es wahrscheinlich beim nächsten Mal wieder tun.

Sie sehen, wie wichtig das Wissen um ein Markersignal ist, um auch Fehler zu vermeiden, die man sonst ganz unbewusst macht.

Ihre erste Aufgabe ist es nun, ein solches Markersignal bewusst aufzubauen. Also immer: Klick – Leckerchen oder Lobwort – Leckerchen oder auch Klick – Spiel, je nach Hund. Wenn der Hund nach dem Klick oder dem Lobwort ganz aufmerksam guckt, so nach dem Motto: »Und wo bleibt das, was da jetzt kommen soll?«, dann sind Sie fertig für den nächsten Schritt. (Für eine ausführlichere Beschreibung dieses Vorganges lesen Sie bitte in entsprechender Literatur, die Sie auch im Anhang finden, nach.)

Wenn Sie diese Übung mit einem Lobwort machen wollen, suchen Sie sich am besten eines aus, was Sie im Alltag nicht verwenden, und bleiben Sie auch zunächst bei dem einen Wort. Oft hört man von derselben Person

Hat der Hund erst
einmal gelernt, die
Targetspitze zu
berühren, haben Sie
eine weitere tolle
Möglichkeit der
Verständigung.

»Gut«, »Fein« oder »Toll hast du das gemacht«. Für uns bedeutet das alles dasselbe. Für den Hund haben diese Worte aber zunächst keine Bedeutung. Er erkennt höchstens an unserem Tonfall, dass wir ganz zufrieden sind. Außerdem kommen solche Worte viel zu oft im alltäglichen Sprachgebrauch vor. Unser Ziel ist schließlich, dass der Hund sofort aufmerksam wird, wenn er dieses bestimmte Wort hört, weil er dann z.B. sein Leckerchen bekommt. All diese Überlegungen bleiben einem bei Verwendung des Klickers erspart.

Wenn der Hund die Bedeutung des Markersignals gelernt hat, können Sie es für das erste Verständigungsspielchen mit dem Hund anwenden. Dafür eine schöne Übung, die man später auch gut für das Erlernen der einzelnen Hindernisse verwenden kann, ist das Targettraining. Der Hund lernt dabei, einem bestimmten Target, also einem Ziel, zu folgen. Oft wird als Target ein Zeigestock verwendet und der Hund lernt, dessen Spitze zu berühren. Ein guter Target im Hinblick auf die spätere Ausbildung ist aber z.B. auch Ihre geschlossene Faust. Als nächstes Übung bringen Sie also dem Hund bei, einen solchen Target zu berühren. Sie geben dem Hund keinerlei Hilfestellung, außer dem Markersignal, wenn er sich auf dem richtigen Weg befindet, ähnlich dem Heiß-und-Kalt-Spiel, das Sie vielleicht noch aus Kindertagen kennen. Zuerst guckt der Hund auf Ihre Faust – Klick, Leckerchen. Dann nähert er sich der Faust ein wenig – Klick, Leckerchen. Dann berührt er sie – Klick, Leckerchen. Als Nächstes halten Sie die Faust in etwas unterschiedliche Richtungen und der Hund soll sie berühren, Sie bewegen sich und der

Hund soll sie berühren usw. Wenn der Hund die Faust mit ziemlich großer Sicherheit berührt, geben Sie kurz vorher das Kommando dazu. Wenn Sie das zwanzig bis dreißig Mal gegeben haben, sollte der Hund die Verknüpfung hergestellt haben. Das können Sie testen, indem Sie das Kommando geben, Ihre Faust aber noch nicht hinhalten. Haben Sie den Eindruck, der Hund sucht nach der Faust? Dann hat er verstanden, worum es geht.

Für eine intensivere Beschäftigung mit der Ausbildung über den Klicker empfehlen wir Ihnen die im Anhang angegebene Literatur. Es lohnt sich auf alle Fälle und es kann der Verständigung zwischen Ihnen und dem Hund nur förderlich sein.

▶ Verstehen Sie Ihren Hund?

Gerade die Verwendung eines Markersignals schafft ein Höchstmaß an Verständigung mit dem Hund. Nun gilt es, dass auch Sie sich bemühen, Ihren Hund zu verstehen. Denn auch die Hunde kommunizieren mit uns. In der Ausbildung gibt es wichtige Bereiche, in

Dieser Hund zeigt eine ganze Menge Stresszeichen, weil für ihn die Anforderungen im Moment zu hoch sind.

Der Hund fühlt sich deutlich unwohl, obwohl das eigentlich eine Belohnung sein soll.

schneller voran, wenn sie in entspannter Atmosphäre abläuft. Daher achten Sie darauf, was Ihr Hund Ihnen sagt.

Ein nächster Punkt, bei dem die Beobachtung des Hundes sehr wichtig ist, ist bei der Belohnung. Oft sehen wir Situationen, bei denen die Leute zwar glauben, sie würden ihren Hund belohnen, indem sie sich z.B. über ihn beugen und den Kopf knuddeln. Der Hund findet das aber eigentlich gar nicht so toll. Wenn das öfter passiert, kann es sein, dass der Hund in der Übung immer unmotivierter wird, weil die vermeintliche Belohnung in Wirklichkeit gar keine ist.

denen es sehr sinnvoll ist, wenn Sie auf die Körpersprache des Hundes achten.

Sie sollten die Übungen z.B. immer so gestalten, dass sich der Hund möglichst sicher fühlt und dass er möglichst nicht gestresst ist. Es gibt viele Leute, die behaupten, dass Stress in Maßen nicht schadet. Das stimmt schon. Wahrscheinlich ist er sogar sehr wichtig für die Entwicklung eines Lebewesens. Unsere Hunde sind jedoch im Alltag schon so vielen Stressfaktoren ausgesetzt, dass das im Training nicht zusätzlich nötig ist. Stress blockiert das Lernen, aber genau das soll der Hund im Training. Daher möchten wir Sie etwas sensibel für dieses Thema machen. Sie kommen in der Ausbildung viel

Auch das kann ein Zeichen von Stress sein.

> **TIPP**
>
> *Beenden Sie eine Übung immer dann, wenn es am schönsten ist! Eine goldene Regel in der Ausbildung ist die, dass man immer aufhören sollte, wenn es am schönsten ist. Auch dafür muss man den Hund gut kennen und verstehen. Wann lässt seine Aufmerksamkeit nach? Wann zeigt er vielleicht schon Zeichen von Überforderung?*

Achten Sie deshalb auf die Signale, die Ihr Hund Ihnen gibt und lernen Sie ihn immer besser verstehen. Die Ausbildung sollte nämlich keine Dressur sein, bei der wir einfach dem Hund bestimmte Fähigkeiten antrainieren, sondern sie sollte ein immer besseres Kennen- und Verstehenlernen sein, eine immer feinere Kommunikation zwischen zwei Sportlern, die dann gemeinsam als Team immer bessere Leistungen erbringen können oder auch in anderen Bereichen mehr und mehr von dieser immer besseren Verständigung profitieren.

► Trainingstagebuch

Wir empfehlen Ihnen das Führen eines Trainingstagebuches. Das hat mehrere Gründe. Der wichtigste ist wohl, dass der Hund beim Agility eine ganze Menge an Aufgaben lernen soll, so dass es gar nicht so einfach ist, den Überblick zu behalten. Mit Hilfe des Trainingstagebuches wissen Sie immer wieder genau, was Sie schon mit dem Hund geübt haben und was noch nicht.

Zum einen sollte man in jeder Übungseinheit die letzten Schritte der vorangegangenen wiederholen, damit auch der Hund wieder weiß, wo er dran ist. Sie können dem Hund so einen klar strukturierten Ausbildungsweg vorgeben, um die Ausbildung möglichst effektiv zu gestalten. Zum anderen fallen Ihnen eventuell entstehende Probleme oft schon auf, bevor sie sich richtig manifestiert haben und Sie können viel schneller darauf reagieren.

Außerdem können Sie Ihre Flexibilität trainieren, wenn ein Übungsschritt nicht so klappt, wie er klappen sollte. Auf dem Papier fällt es dann leicht, noch fünf oder zehn Zwischenschritte

einzubauen. Mit der Zeit wird Ihnen das dann in Fleisch und Blut übergehen und es klappt dann auch spontan in der Praxis immer besser.

In den folgenden Kapiteln bekommen Sie in den Zusammenfassungen jeweils Schritt-für-Schritt-Anleitungen für die einzelnen Übungen, die als Grundlage für das Trainingstagebuch gedacht sind. Bei manchen Hunden werden Sie noch zusätzliche Zwischenschritte einbauen müssen. Meist wird es jedoch eher so sein, dass Ihr Hund einige der Schritte überspringt, bzw. nach einem Durchgang schon beherrscht. Auf der Seite 14 finden Sie ein Beispiel, wie so ein Trainingstagebuch ausgefüllt aussehen könnte. Anhand dieses Beispieles können Sie dann ein eigenes erstellen.

Außer, dass dieses Trainingstagebuch eine gute Gedächtnisstütze ist, soll es Sie auch darin schulen, in immer kleineren Ausbildungsschritten zu denken.

Und jetzt ran an die Arbeit! Sie und Ihr Hund haben eine ganze Menge vor. Viel Spaß dabei!

Dieser Border Collie wartet nur noch auf sein Startzeichen.

Übung: Hürde ____   **gewähltes Kommando:** Hopp ____

Nr.	Die einzelnen Übungsziele	Bemerkungen	erledigt?
1	Fratz geht sicher durchs Stangenmikado		ja
2	Er springt mit mir über ein niedriges Hindernis	Wird unterteilt: 2a mit Leine, 2b ohne Leine	ja
3	Er lässt sich über dem Hindernis abrufen	Wird unterteilt: 3a mit Leine, 3b ohne Leine	ja
4	Das Kommando wird eingeführt		
5	Er springt, egal ob ich rechts oder links von ihm laufe	5a rechts 5b links	
6	Er lässt sich über das Hindernis schicken		
7	Er springt aus unterschiedlichen Anlaufwinkeln		
8	Er lässt sich aus unterschiedlichen Winkeln abrufen		
9	Er springt unter Ablenkung		
10	Er springt unterschiedliche Höhen		

Nr.	Datum	Versuche/Fehler	Bemerkungen
1	01.07.2002	IIIII	die ersten beiden Male noch unsicher, dann o.k.
2	01.07.2002	IIIII / III	Mit Leine kein Problem, ohne geht es noch nicht
2a	02.07.2002	IIIII	oben Zwischenschritt einfügen!
2b	02.07.2002	IIIIII / II	
3a	02.07.2002	IIIII	
3b	02.07.2002	IIIIII / I	
4	03.07.2002	2b IIIIII / I 3b IIIIII	bis jetzt 12mal verknüpft bei den Übungen 2b und 3b
5a	05.07.2002	IIIII	ging gut, direkt ohne Leine, weiterhin Kommando verknüpft
5b	05.07.2002	IIIII / III	Er hat noch einige Probleme, ich muss die Hand-Seite besser trainieren
6	05.07.2002	IIIIIIII / II	aus ca. 3 Meter Abstand
5b	06.07.2002	IIIIII / I	ohne Leine
6	06.07.2002	IIIII	bis aus 5 Metern Abstand
7	06.07.2002	IIIII / II	bis Anlaufwinkel Nr. 4, mehr hat noch keinen Sinn

Die einzelnen Hindernisse

Die einzelnen Hindernisse

▶ Die Hürde

Bevor Sie den Hund an sein erstes Hindernis heranführen, sollte er mit den Stangen vertraut gemacht werden. Eine schöne Übung für diesen Zweck ist das Stangenmikado. Dabei werden möglichst viele Hindernisstangen kreuz und quer auf einen Haufen gelegt und der Hund wird schön langsam darüber geführt.

Mit dieser Übung lernt der Hund mehrere Dinge, deswegen ist sie so wertvoll. Erstens bekommt er ein Gefühl für seine Beine, ganz besonders für seine Hinterbeine. Die meisten Hunde können ihre Hinterbeine nämlich gar nicht bewusst einsetzen. Das lernen sie im Stangenmikado. Eine weitere gute Übung für diesen Zweck ist die Leiter, wie sie auf Seite 28 beschrieben ist. Ziel sollte wirklich sein, den Hund langsam darüber zu führen. Nur dann kann er ein wirkliches Gefühl für seine Hinterbeine entwickeln.

Zweitens lernt der Hund die Stangen als solche kennen. Auch wenn sich mal eine bewegt, lernt er, dass sie nicht gefährlich sind.

Und drittens schult diese Übung schon Ihre Verständigung mit dem Hund. Sie lernen hierbei, den Hund zu beobachten. Was sagt er Ihnen? Ist er sicher? Ist ihm diese Übung unheimlich? Gerät er in Stress, weil er etwas machen soll, was er bisher nicht kennt? Achten Sie auf seine Schwanzhaltung, auf die Stellung der Ohren, auf seinen Gesichtsausdruck und sein Verhalten im Allgemeinen. Lernen Sie zu beurteilen, wann Ihr Hund entspannt eine Aufgabe angeht oder wann er unsicher und gestresst ist. Denn anhand dessen, was der Hund Ihnen sagt, sollten Sie das Training aufbauen.

Erst wenn der Hund im Stangenmikado sicher ist, gehen wir an die »richtigen« Hindernisse. Für den Anfang eignen sich am besten Hindernisse ohne seitliche Ausleger und ohne hohe Halterungen an den Seiten. Da in diesem Stadium der Ausbildung wenigstens auf dem Hundeplatz oft mit Leine gearbeitet wird, wird durch diese Art der Hindernisse vermieden, dass sich die Leine verheddert und der Hund unter Umständen schlechte Erfahrungen macht.

Wir haben uns zu diesem Zweck die von uns so genannten Variohinderisse gebaut. Die sind im Prinzip den Cavalettis in der Pferdeausbildung nachempfunden und bestehen einfach nur aus einer Stange und einer Art Styroporrechteck an den Seiten. Die Stangen sind so im Rechteck befestigt, dass man vier verschiedene Möglichkeiten in der Höhe hat, je nach dem, auf welche Seite man die Hindernisse stellt. Diese Hindernisse sind leicht, ungefährlich, billig und schnell selbst gemacht.

Für den Hausgebrauch gibt es inzwischen auch schon schön leichte Hindernisse im Handel (siehe Anhang).

Zunächst wird die Stange sehr niedrig eingestellt, bzw. für kleine Hunde sogar auf den Boden gelegt. Viele Leute haben den Ehrgeiz, die Hunde möglichst schnell möglichst hoch springen zu lassen. Bedenken Sie jedoch immer, dass jeder hohe Sprung eine hohe Belastung der Gelenke und Bänder bedeutet (siehe S. 116), und das ganz besonders in der Anfangszeit der Ausbildung, in der der Hund körperlich den Anforderungen an diesen Sport kaum gewachsen ist, weil die entsprechenden Muskeln noch nicht ausgebildet sind und weil die Sprungtechnik noch nicht optimal ist.

Für das, auf was es uns im Augenblick ankommt, nämlich dass der Hund mit den Hindernissen vertraut wird, dass er das Kommando für den Sprung lernt und dass er Spaß an der Aufgabe bekommt, reichen niedrige Hindernisse vollkommen aus. Die Höhe kommt später.

Laufen Sie nun mit Ihrem Hund über die Stange. Sie können ihn auch darüber locken, je nachdem, womit Ihr Hund besser zurecht kommt. Die Belohnung sollte in diesem Fall genau in dem Moment kommen, wenn sich der Hund in der Luft befindet. Ohne Markersignal ist das fast nicht möglich. Wenn der Hund nach einigen Versuchen sicher springt, geben Sie ihm kurz vor dem Sprung das Kommando »Hopp« oder »Spring« oder was auch immer Sie sich auswählen.

Denken Sie daran, den Hund besonders am Anfang immer überschwänglich zu loben, damit er Spaß an der Übung bekommt und damit er sich gut fühlt. Erfolg steigert die Motivation. Zeigen Sie ihm also wie toll er ist!

Üben Sie von Anfang an, den Hund auf beiden Seiten an das Hindernis zu führen. Die meisten Hunde fühlen sich

Auf dem linken Bild ist Esuf noch etwas vorsichtig und unsicher im Stangenmikado.
Auf dem Rechten meistert er die Übung schon ganz souverän und sicher.

Sonja springt mit ihrem Fussel über das Hindernis.

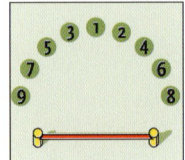

Üben Sie der Nummerierung entsprechend die unterschiedlichen Anlaufwinkel.

an der rechten Seite ihres Hundeführers etwas unsicher, weil sie es vom Bei-Fuß-Gehen nur gewohnt sind, an der linken Seite zu gehen. Später im Parcours ist es jedoch wichtig, dass der Hund auf beiden Seiten sicher geht. Üben Sie das deshalb schon jetzt, so lange, bis es dem Hund egal ist, ob er nun rechts oder links neben Ihnen über das Hindernis springt.

Wenn Sie einige Male den Hund gelockt haben, bzw. mit ihm gesprungen sind und er schon eine Idee von der Aufgabe hat, versuchen Sie als Nächstes, ihn ohne Leine über das Hindernis zu schicken. Hat er das Kommando schon verknüpft? Versteht er, was gemeint ist? Wenn ja, gibt es einen Jackpott, eine ganz besonders große Belohnung. Wenn nicht, gehen Sie wieder einige Schritte in der Ausbildung zurück.

Es wird für den Hund auch nicht deutlicher, wenn Sie – wie man es oft hört – z.B. »Hürde – Hopp!« rufen, da er unsere Worte ja doch nicht versteht und das entsprechende Kommando

erst lernen muss. Ein einzelnes Wort hat später im Parcours, wenn es schnell geht, seine Vorteile.

Als Nächstes gilt es, den Hund in allen möglichen Situationen springen zu lassen. Mal setzen Sie ihn hin und gehen schon vor auf die andere Seite und rufen ihn dann zu sich. (Wenn er das »Bleib« noch nicht kann, bitten Sie einen Helfer, ihn festzuhalten; das Bleib-Kommando sollten Sie dann erst mal unabhängig von den Hindernissen üben.)

Zuerst machen Sie das in gerader Linie. Wenn das klappt, in unterschiedlichen Anlaufwinkeln (siehe links unten).

Als Nächstes laufen Sie mit dem Hund und lassen ihn springen; und auch das aus unterschiedlichen Anlaufwinkeln und auf beiden Seiten. Variieren Sie auch Ihre Abstände zum Hindernis, d.h., mal laufen Sie direkt daneben, mal etwas weiter weg, damit der Hund lernt zu springen, unabhängig davon, wo Sie sich befinden.

Auch können Sie dem Hund jetzt unterschiedliche Hindernisse präsentieren. Wenn Sie bis jetzt ohne seitliche Ausleger geübt haben, ist es für den Hund nämlich noch mal etwas ganz Neues, wenn diese auf einmal mit zum Hindernis gehören. Lassen Sie den Hund auch unter Ablenkung springen. So sollten auch mal andere Menschen oder auch Hunde in der Nähe laufen oder vielleicht auch mal ein Ball gespielt werden. Gestalten Sie die Ablenkung aber immer nur so stark, dass der Hund noch erfolgreich sein kann.

Erst wenn der Hund die Übung bis hierhin gut beherrscht, können Sie die Stangen langsam hochsetzen. Wenn Sie damit schön langsam vorgehen, sollte es eigentlich gar nicht dazu kom-

Beate schickt Girlie schräg über das Hindernis. Auch das muss geübt werden.

auch wenn in der Ausbildung nicht ganz so sorgsam vorgegangen wird. Jedoch schleichen sich dann auch leicht Fehler ein, die oft dem Hund angelastet werden, obwohl es eigentlich der Ausbilder war, der nicht alle Kleinigkeiten beachtet hat.

Und schließlich liegt uns die Gesundheit unserer Hunde am Herzen. Auf diese Weise werden sie langsam an ihre künftige Aufgabe herangeführt und sind dann auch körperlich bestens vorbereitet.

Aus dem Grund können wir Ihnen nur immer wieder empfehlen, geduldig die einzelnen Schritte nacheinander anzugehen. Damit bauen wir sozusagen das Fundament. Je stabiler das Fundament, desto höher kann man später darauf aufbauen.

Auch wenn hier das Einüben der Hindernisse in so kleinen Schritten erklärt ist, heißt das nicht, dass es sehr lange dauern muss. Das alles kann in wenigen Übungseinheiten absolviert sein. Uns ist jedoch wichtig, Ihnen zu zeigen, auf was es alles ankommt. Meist sieht man leider noch, dass die Hunde ohne viel Konzept wieder und wieder über die Hindernisse sollen. Das ist weder in besonderem Maße förderlich für die Ausbildung noch für die Gesundheit.

men, dass der Hund die Stange unterläuft. Variieren Sie die Höhe. Lassen Sie den Hund mal höher und auch mal wieder niedriger springen, werden Sie eben nur im Durchschnitt immer höher.

Wenn Sie die Übungen bis jetzt schön schrittweise gemacht haben, dürfte das jedoch alles kein Problem für ihn sein und er sollte relativ schnell verallgemeinern. Sie müssen sich jedoch klar machen, dass jede kleine Veränderung im Übungsaufbau für den Hund erst einmal etwas völlig Neues ist. Wenn der Hund also einen Fehler macht, sollten Sie versuchen herauszufinden, was sich geändert hat.

Wenn wir die Übungen hier wirklich in ganz kleinen Schritten aufbauen, hat das drei Gründe: Zum einen möchten wir es dem Hund so einfach wie möglich machen, damit er möglichst von Anfang an keine Fehler macht; zum anderen möchten wir Sie sensibel dafür machen, wie viele solcher Lernschritte der Hund machen muss. Viele Hunde lernen sehr schnell,

Folja wird gelockt.

Ayla über der Bürstenhürde. Eine neue Art von Hürde muss auch gesondert geübt werden.

Übungsziele Hürde

- Hund geht sicher übers Stangenmikado
- Hund springt mit Mensch über niedrige Hürde
- Hund lässt sich abrufen
- Kommando wird eingeführt
- Hund springt, egal ob Sie rechts oder links von ihm sind
- Hund springt die unterschiedlichen Anlaufswinkel
- Hund lässt sich aus unterschiedlichen Winkeln abrufen
- Hund springt auch unter Ablenkung
- Hund springt unterschiedliche Höhen (nur wenn er älter als 1 oder besser 1,5 Jahre alt ist)

▶ Der Reifen

Der Hund soll hierbei lernen, durch den Reifen zu springen, der sich in einer bestimmten Höhe befindet. Optimal ist es, wenn Sie einen Übungsreifen haben, der nicht aufgehängt ist, damit sich der Hund erst einmal damit vertraut machen kann. Oft ist nämlich der Reifen im Hindernis selber nicht so konstruiert, dass man ihn ganz bis auf den Boden ablassen kann. Sie können Ihren Hund mit Leckerchen, Spielzeug oder Targetstick durchlocken oder ihm sogar mit dem Klicker übers freie Formen beibringen, hindurchzulaufen. Das ist eine schöne Übung, bei der der Hund nicht nur den Reifen als Hindernis kennen lernt, sondern sie hat noch eine ganze Menge durchaus wünschenswerter Nebenwirkungen. Deswegen werden wir Ihnen das hier vorstellen.

Freies Formen bedeutet, dass Sie dem Hund keinerlei Hilfestellung geben, außer dem Klick, wenn er sich auf dem richtigen Weg befindet, mit der anschließenden Belohnung. Man nähert sich auf diese Art schrittweise dem Ziel. Beim Beispiel Reifen könnten folgende Zwischenschritte zum Ziel führen:

- Der Hund guckt zum Reifen
- Er berührt ihn mit der Nase
- Er guckt durch den Reifen
- Er stellt eine Pfote darauf
- Er geht durch den Reifen
- Er geht durch den Reifen, ohne ihn mit den Pfoten zu berühren

▸ Er springt durch den Reifen, auch wenn dieser sich in unterschiedlichen Höhen befindet.

Erst wenn dieses endgültige Verhalten fertig geformt ist, kommt das Kommando dazu, und zwar immer dann, wenn der Hund gerade zum Sprung ansetzt. Das könnte ein »Hopp« sein wie bei den Hürden, oder zur besseren Unterscheidung einfach »Reifen«.

Jetzt kommt wieder der Teil der Übung, bei der Sie sich überlegen sollten, wie Sie die Situationen nach und nach schwieriger gestalten, um dem Hund durch das Bewältigen der gestellten Aufgabe immer mehr Sicherheit zu geben. Dazu eignet sich gut ein kleines Spielchen, das »Anforderungs-Spiel«: Sie und Ihr Hund sind ein Team, d.h., Sie arbeiten bei diesem Spiel miteinander. Ihre Aufgabe ist es also, die Situation immer etwas anders zu gestalten, so nach dem Motto:

»Kannst du auch durch den Reifen springen, wenn er an Ketten aufgehängt ist?«, »... wenn ein anderer Mensch dahinter vorbeigeht?«,

»... wenn du aus verschiedenen Abständen losläufst?«, »... wenn du aus verschiedenen Winkeln losläufst?«, usw. Lassen Sie sich etwas einfallen. Je mehr Situationen Sie schaffen, desto sicherer wird Ihr Hund. Wenn der Hund Ihre erdachte Übung erfolgreich ausführt, bekommen Sie beide einen Punkt. Wenn nicht, gibt es für Sie beide keinen Punkt. Und dann hat nicht der Hund den Fehler gemacht, sondern Sie, weil Sie die Übung zu schwierig gestaltet haben.

Das ist auch ein schönes Spiel, das man gut in der Gruppe spielen kann, wobei die einzelnen Mensch-Hund-Teams gegeneinander antreten. Außer dass es eine gute Übung für dieses Hindernis ist, wird auch das Teamgefühl im Hundeführer gestärkt. Er lernt dabei, nicht dem Hund die Schuld zu geben und er bekommt ein Gefühl dafür, was alles wichtig ist, was es zu beachten gibt, weil es für den Hund eben nicht dasselbe ist, ob der Reifen nun steht oder hängt, ob er durch den Reifen springen soll, wenn ein anderer Hund vorbeigeht, usw.

Zuerst belohnt Brigitte den Blick zum Reifen. Ganz allmählich erhöht sie die Anforderungen bis Sascha schließlich durch den Reifen springt.

Ayla bekommt durch die Plane eine Hilfe, damit sie nicht an der Seite des Reifens vorbeispringt.

Wenn Sie die Übungen wie beschrieben so schrittweise aufbauen, sollte es eigentlich gar nicht zu Fehlern kommen, bzw. wenn der Hund doch einen Fehler macht, sollten Sie sofort darauf reagieren, weil Sie die Übung zu schwierig gestaltet haben.

Wenn Sie Ihrem Hund den Reifen jedoch vorher schon in viel gröberen Schritten beigebracht haben, ohne dass Ihnen jemand erklärt hätte, auf was es alles ankommt, kann es ja durchaus sein, dass sich schon Fehler eingeschlichen haben. Ein häufiger Fehler ist z.B., dass der Hund zwischen Reifen und Halterung hindurchspringt.

Eine mögliche Lösung dieses Problems – und mit Sicherheit die empfehlenswerteste – ist, dass Sie die Übung, wie oben beschrieben, noch einmal von Grund auf neu aufbauen. Eine andere Möglichkeit ist, dass Sie mit Hilfsmitteln arbeiten, um diesen Fehler zu vermeiden. So können Sie z.B. das Hindernis zwischen Reifen und Haltegerüst mit einer durchsichtigen Plastikplane auskleiden. Prinzipiell müssen Sie sich bei Hilfen in der Ausbildung

immer Folgendes klar machen: Sie müssen die Hilfen stets so wählen, dass Sie sie ganz allmählich abbauen können! Sonst werden sie für den Hund nämlich Bestandteil der Aufgabe. Wenn die Hilfe dann später plötzlich weg ist, ist die Aufgabe für den Hund wieder eine ganz andere und die Wahrscheinlichkeit ist hoch, dass er den ursprünglichen Fehler wieder macht. Deswegen empfehlen wir eine durchsichtige Plane. Damit haben wir auch schön die Möglichkeit, immer ein Stückchen mehr wegzuschneiden, wobei die besonders kritischen Felder natürlich erst als Letztes allmählich entfernt werden.

Auf diese Weise bekommt der Hund eine Hilfe, den Fehler nicht mehr zu machen. Das ist erfahrungsgemäß besser, als einen gemachten Fehler immer wieder zu korrigieren. Das Problem ist nämlich, dass auch ein Fehler durch ständige Wiederholungen immer mehr trainiert wird. Dieses Verhaltensmuster wird dem Hund somit immer geläufiger und die Wahrscheinlichkeit, dass er es zeigt, immer größer. Aus diesem Grund wollen wir Fehler möglichst von Anfang an vermeiden. Das gilt übrigens nicht nur für den Reifen, sondern prinzipiell für alle Hindernisse, ja sogar auch für alles andere, was wir dem Hund beibringen.

Wenn dann doch einmal ein Fehler passiert, was immer wieder mal vorkommt, wird er einfach nicht beachtet. Denn alles, was beachtet wird, erfährt allein dadurch schon eine leichte Verstärkung. Das dürfte auch jeder aus seiner eigenen Erfahrung kennen. Sicher waren Sie auch schon einmal in einer Situation, in der etwas schief gelaufen ist. Beim nächsten Mal in derselben Situation denken Sie sich: »Hoffentlich passiert mir das nicht wieder!« Und die Wahrscheinlichkeit ist sehr groß, dass es genau dadurch wieder passiert.

Also: Fehler nicht beachten, sondern möglichst von Anfang an vermeiden, und wenn sie dennoch auftreten, sofort nach Möglichkeiten suchen, sie in Zukunft zu vermeiden!

Übungsziele Reifen

- ▶ Hund springt durch den Reifen
- ▶ Hund lässt sich durch Reifen abrufen
- ▶ Kommando wird eingeführt
- ▶ Hund springt, egal ob Sie rechts oder links von ihm sind
- ▶ Hund springt die unterschiedlichen Anlaufwinkel
- ▶ Hund lässt sich aus unterschiedlichen Winkeln abrufen
- ▶ Hund springt auch unter Ablenkung
- ▶ Hund springt den Reifen in unterschiedlichen Höhen

▶ Der Weitsprung

Der Weitsprung besteht aus mehreren flachen Einzelteilen, so dass der Hund eben weit springen muss und nicht unbedingt hoch.

Eine kleine Herausforderung ist es noch, dass die einzelnen Teile jeweils leicht ansteigen. Dadurch bilden sie aus Sicht des Hundes fast eine zusammenhängende Fläche. So ist anfangs die Versuchung für den Hund groß, mit den Pfoten auf dieser Fläche aufzusetzen. Wenn man das weiß, kann man in der Ausbildung schon darauf achten, dass dieser Fehler möglichst nicht passiert.

Dazu lernt der Hund zuerst, über ein einzelnes Teil dieses Weitsprungs zu springen. Wenn er das Springkommando von der Hürde her schon kennt, dürfte das kein Problem sein.

So nach und nach kommen dann die anderen Teile dazu. Viele Hunde kommen auf diese Weise gut damit zurecht. Sollten Sie einen Hund haben, der dennoch dazu neigt, mit einer Pfote aufzusetzen, gibt es verschiedene Möglichkeiten, dies zu verhindern. Eine ist, dass Sie die Einzelteile des Weitsprunges nicht aufstellen, sondern hinlegen (siehe Foto S. 24). Das verleitet den Hund nicht so sehr aufzufußen.

Die nächste Möglichkeit ist, dass Sie entweder unmittelbar vor oder hinter den Teilstücken des Weitsprunges eine kleine Hürde aufbauen. Ob die Hürde davor oder dahinter oder auch in der Mitte zwischen den einzelnen Teilen stehen sollte, richtet sich nach der Sprungtechnik Ihres Hundes. Im Zweifelsfall probieren Sie einfach aus, womit er am besten zurechtkommt.

Links: Aus Sicht des Hundes sieht der Weitsprung u. U. wie eine durchgehende Fläche aus.

Rechts: Polly bekommt als Hilfe eine Hürde über den Weitsprung gestellt.

Diese beiden Möglichkeiten stellen eine Hilfe dar und bei Hilfen muss man sich immer überlegen, wie sie schrittweise abgebaut werden können.

Bei der ersten Möglichkeit könnten Sie die Einzelteile also erst nach und nach im Liegen dem Weitsprung zufügen und wenn Sie bei der für Ihren Hund vorgegebenen Weite (Mini, Midi oder Maxi) angelangt sind, können Sie anschließend ein Teil nach dem anderen aufstellen.

Bei der Möglichkeit mit der Hürde können Sie die Stange Stück für Stück niedriger einstellen, bis sie letztendlich niedriger als der Weitsprung ist und vom Hund als solche gar nicht mehr wahrgenommen wird.

Wenn der Hund das ganze Hindernis schön nimmt, kommt das Kommando (z.B. »Weit«) dazu, und dann sollten Sie auch hier die Anforderungen wieder Schritt für Schritt steigern.

So können Sie üben, dass Sie den Hund über das Hindernis schicken, dass Sie ihn vor dem Hindernis warten lassen und dann von dahinter abrufen, dass Sie mit ihm laufen und zwar mal

auf der rechten und mal auf der linken Seite. Wenn das alles klappt, üben Sie als Nächstes alle diese Variationen in unterschiedlichen Anlaufwinkeln.

Gehen Sie dabei ganz behutsam vor. Der Hund muss nämlich immer von vorne nach hinten springen und darf nicht pfuschen, indem er von der Seite springt.

Wenn Sie den Anlaufwinkel nur jeweils um Zentimeter verändern, sollte der Hund lernen, von sich aus richtig zu springen. Wir wollen nämlich beim Hund erreichen, dass er mitdenkt. Daher brauchen Sie ihm das Hindernis nicht unbedingt mit dem Arm zu zeigen. Sie üben ja nur an dem einen in diesem Ausbildungsstadium, so dass der Hund eigentlich wissen sollte, was Sie von ihm wollen, wenn Sie schön schrittweise vorgegangen sind. Im Moment trainieren wir eher, dass der Hund die Hindernisse auf Kommando lernt. Später wird auch erklärt, wie wir ihn mit unserer Körpersprache im Parcours dirigieren können. Aber nicht nur der Hund, sondern auch Sie sollten erst eins nach dem anderen lernen.

Julie springt über die hingelegten Weitsprungteile.

Übungsziele Weitsprung

▶ Hund springt mit Mensch an rechter Seite über ein Weitsprungteil
▶ Hund springt mit Mensch an linker Seite über ein Weitsprungteil
▶ Hund lässt sich abrufen
▶ Hund lässt sich schicken
▶ Schritte 1–4 nach und nach mit der entsprechenden Anzahl an Weitsprungteilen üben
▶ Kommando wird eingeführt, wenn der Hund sicher über alle Teile springt
▶ Hund springt die unterschiedlichen Anlaufwinkel
▶ Hund lässt sich aus unterschiedlichen Winkeln abrufen
▶ Hund springt auch unter Ablenkung

▶ Die Mauer – das Viadukt

Die Mauer stellt eine gewisse Herausforderung an die Hunde, weil diese ab einer bestimmten Höhe absolut nicht mehr sehen können, was sie hinter dem Hindernis erwartet. Von daher gehört schon eine ganze Menge Vertrauen auf Seiten des Hundes dazu, in einem Satz über die Mauer zu springen, ohne mit den Pfoten aufzusetzen, um erst einmal nachzusehen, was ihn erwartet. Das ist also der Fehler, den es zu vermeiden gilt. Vom Prinzip kann man ähnlich vorgehen wie beim Einüben des Weitsprunges.

Beginnen Sie möglichst erst mit der Mauer, wenn der Hund das Springkommando schon kennt. Stellen Sie die Mauer zunächst auf die niedrigste Höhe ein. Je nach Vorlieben Ihres Hundes schicken Sie ihn nun darüber, rufen ihn ab oder laufen mit ihm. Es empfiehlt sich, dass der Hund vor dem Hindernis einiges an Tempo hat, daher lassen Sie ihn mit genügend Abstand loslaufen.

Wenn er springt ohne aufzufußen, wird er mit einem Jackpot kräftig dafür belohnt. Jetzt üben Sie erst alle anderen Möglichkeiten, dass Sie den Hund auf beiden Seiten führen, ihn abrufen oder schicken, je nachdem, womit Sie angefangen haben. Wenn der Hund dieses Hindernis freudig springt, geben Sie ihm das zugehörige Kommando, z.B. »Mauer«. Als Nächstes sollten Sie wieder die unterschiedlichen Anlaufwinkel trainieren und auch immer größere Ablenkungen einbauen. Wenn Sie im Verein trainieren, ist es vielleicht einmal möglich, ein richtiges Publikum direkt in der Nähe des Hindernisses zu postieren. Vielleicht sind auch andere Hunde dabei. Es wird mal kräftig applaudiert oder es zischt mal eine Sprudelflasche oder was auch immer. Seien Sie etwas einfallsreich, aber steigern Sie die Anforderungen an den Hund nur so weit, dass er sie auch bewältigen kann.

Sollte Ihr Hund dazu neigen, auf der Mauer aufsetzen zu wollen, empfiehlt sich auch hier, eine Hürde davor aufzubauen, die Sie so nach und nach in der Höhe unter das Niveau der Mauer verschwinden lassen. Erst wenn der Hund das Hindernis bis zu diesem Punkt beherrscht, können Sie auch mal die für Ihren Hund eigentlich vorgegebene Höhe üben. Auch hier gilt wieder: Wenn Sie Geduld haben, schaffen Sie die nötigen Grundlagen, die Gelenke des Hundes werden länger geschont, dabei aber schon auf ihre spätere Aufgabe vorbereitet, so dass es dem Hund später leichter fällt, auch andere Höhen zu bewältigen.

Das Viadukt ist im Prinzip der Mauer ähnlich, bis auf dass es ein oder zwei Rundbögen hat und der Hund dazu verleitet werden könnte, durch diese

Der Sprung über die Mauer erfordert eine ganze Menge Vertrauen.

der Mauer bzw. des Viaduktes. So bauen Sie das Vertrauen im Hund auf, dass er keine Angst zu haben braucht, weil ihn dahinter nichts Schlimmes erwartet.

Vermeiden Sie auf jeden Fall, den Hund an der Leine über das Hindernis zu zerren. Das gilt übrigens für alle Hindernisse. Wenn der Hund verweigert, will er uns damit etwas sagen. Es könnte sein, dass wir zu schnell vorgegangen sind, dass er die Aufgabe noch nicht ganz versteht oder sich fürchtet; es könnte auch sein, dass er Schmerzen bei bestimmten Bewegungen hat, usw. Versuchen Sie daher zunächst einmal eine andere Herangehensweise an das Hindernis und versuchen Sie den Grund des Verweigerns herauszufinden. So lernen Sie Ihren Hund immer besser kennen.

> **TIPP**
> *Eine Verweigerung bedeutet meistens, dass Sie die Anforderungen an den Hund zu schnell gesteigert haben.*

Bemühen Sie sich aber auch, eine mögliche Verweigerung nicht unbeabsichtigt zu belohnen. Viele Menschen – besonders die nicht ganz so ehrgeizigen – neigen dazu, ihren Hund zu streicheln, wenn der einen Fehler gemacht hat, so nach dem Motto: Ist ja nicht schlimm; wir versuchen es noch einmal. Das könnte der Hund jedoch als Belohnung für die Verweigerung auffassen und dann glauben, dass es genau das ist, was Sie von ihm wollen. Beobachten Sie sich daher genau oder lassen Sie sich beobachten. Denn wir haben die Erfahrung gemacht, dass es die Leute meist gar nicht merken, wenn sie in

hindurchzulaufen anstatt darüber zu springen. Wenn Sie mit dem Training des Viaduktes beginnen, wenn der Hund die Mauer schon gut beherrscht, ist das jedoch meist kein Thema. Falls doch, schließen Sie diese Durchgänge zunächst, am besten wieder mit einer durchsichtigen Plane, und öffnen sie erst nach und nach. Auch hier gilt wieder das Prinzip, dass wir Fehler möglichst gar nicht erst entstehen lassen wollen. Wenn der Hund mit dem Überspringen des Hindernisses immer wieder Erfolg hat und gar nicht lernt, dass er da auch durchlaufen kann, wird er es später wahrscheinlich gar nicht ausprobieren.

Was machen Sie, wenn der Hund verweigert, also gar nicht springen will? Normalerweise sollte das nicht vorkommen, wenn Sie die Übungen schön schrittweise aufbauen und wenn der Hund von der Hürde her Ihr Sprungkommando schon kennt.

Beginnen Sie das Hindernis sehr langsam, bei Mini-Hunden unter Umständen nur mit den abwerfbaren Auflegern

solch einem Moment ihren Hund streicheln. Besser ist es, auf einen Fehler
gar nicht zu reagieren, was man in Aus-
bilderkreisen die kleinstmögliche Belohnung nennt. Damit ist gemeint,
dass der Hund eben nicht bestraft, aber
möglichst auch nicht belohnt wird.

Dieses Nichtreagieren gilt natürlich
nur für diesen Augenblick, wenn der
Fehler gerade passiert ist. Anschließend sollten Sie schon darauf reagieren,
indem Sie die Aufgabe überdenken und
eventuell den Leistungen des Hundes
anpassen. Denken Sie daran, dass für
die Fehlern der Hunde meist der Ausbilder verantwortlich ist.

Übungsschritte Mauer

- Hund springt über niedrige Mauer
  ohne aufzufußen
- Hund lässt sich abrufen
- Kommando wird eingeführt
- Hund springt, egal ob Sie rechts
  oder links von ihm sind
- Hund springt die unterschiedlichen
  Anlaufwinkel

- Hund lässt sich aus unterschiedli-
  chen Winkeln abrufen
- Hund springt auch unter Ablenkung
- Hund springt auch unterschiedliche
  Höhen

▶ Der Laufsteg

Der Laufsteg gehört wie die A-Wand
und die Wippe zu den so genannten
Kontaktzonen-Hindernissen. Diese haben jeweils beim Auf- und beim Abgang eine besonders markierte Fläche,
die die Hunde mit mindestens einer
Pfote berühren müssen. Das ist nicht
etwa eine Schikane, die sich irgendwelche Leute mal ausgedacht haben, sondern es dient der Sicherheit der Hunde.
Sonst ist die Gefahr nämlich groß, dass
ein Hund viel zu früh abspringt oder
ganz falsch aufspringt und dass es dadurch zu Verletzungen kommt. Nichtsdestotrotz stellen die Kontaktzonen eine der größten Schwierigkeiten im Agility-Sport dar, und gerade da werden
immer eine Menge Fehler gemacht. Sie
haben ja schon gelernt, dass wir Fehler

möglichst erst gar nicht aufkommen lassen wollen. Aus diesem Grund sollte von Anfang an überlegt werden, wie der Hund die Kontaktzonen lernen soll. Es bringt nicht viel, den Hund erst einmal über das Hindernis laufen zu lassen, um sich dann Gedanken zu machen, falls dieses Problem überhaupt auftreten sollte. Denn es wird auftreten! Selbst bei zunächst noch sehr langsamen oder sehr kleinen Hunden ist ab einem bestimmten Tempo die Wahrscheinlichkeit groß, dass die Kontaktzonen übersprungen werden. Und Tempo kommt mit zunehmender Ausbildung und Sicherheit des Hundes.

Leider können es die meisten Leute gerade mit diesen Hindernissen gar nicht abwarten. So gut wie jeden reizt es, seinen Hund »mal eben« über den Laufsteg laufen zu lassen. Das ist jedoch nicht nur gefährlich, damit wird schon der Grundstein für spätere Fehler gelegt. Denn der Hund lernt: »Da kann ich drüber laufen, ohne irgendetwas zu beachten.« Wenn man Erfolg mit etwas hat, wird sich das einprägen;

und der Erfolg ist natürlich besonders am Anfang, wenn das Hindernis noch unbekannt ist und der Hund es dennoch bewältigt, besonders groß. So hat sich dann eine Möglichkeit, das Hindernis zu bewältigen, beim Hund schon relativ fest eingegraben und das ist eben: Einfach darüber laufen, ohne irgendetwas zu beachten. Gerade in etwas angespannten Situationen wird er also gerne auf das Altbewährte zurückgreifen. Das heißt nicht, dass man dem Hund in einem solchen Fall nie mehr die Kontaktzonen beibringen können wird; das heißt jedoch, dass es viel mehr Aufwand bedeutet, als wenn er es von Anfang an richtig gelernt hätte. Widerstehen Sie daher als Hundeführer, Ihren Hund ohne Konzept über den Laufsteg oder ein anderes Kontaktzonenhindernis laufen zu lassen. Als Ausbilder sollten Sie das Ihren Leuten mit der oben genannten Erklärung verbieten.

So wie es für die Hunde gilt, dass man ihnen bei einem Verbot auch eine Alternative zeigen sollte, gilt das natürlich auch für Menschen. Deshalb zeigen wir sie sofort. Gerade für die Kontaktzonen gibt es so viele verschiedene Trainingsmöglichkeiten, dass wir sie hier gar nicht alle beschreiben können. Wir wollen Ihnen hauptsächlich die vorstellen, mit denen wir am meisten Erfolge haben und die bisher in der Literatur nicht so häufig Erwähnung finden.

Hier führt Brigitte ihren Hund Polly mit der Hand als Target über den Laufsteg.

DIE LEITER ▶ Die beste Vorübung für den Laufsteg ist die Leiter. Bei dieser Übung wird eine Leiter flach auf den Boden gelegt und der Hund an der Leine so langsam wie möglich darüber geführt. Ziel ist es, dass der Hund mit allen vier Pfoten zwischen den beiden

Holmen läuft. Ob er nun auf den Sprossen läuft oder die Pfoten in die Zwischenräume setzt, ist dabei unwichtig, nur zwischen den Holmen sollten die Pfoten sein.

Der Hund lernt dabei, auf das Setzen seiner vier Pfoten aufzupassen. Außerdem wird er sich dadurch besonders seiner Hinterläufe besser bewusst. Deshalb ist das eine gute Vorübung für den Laufsteg, bei dem sich der Hund genauso konzentrieren sollte.

DER LAUFSTEG ALS VERHALTENSKETTE

▶ Bei einer Verhaltenskette lernt der Hund mehrere Einzelübungen, die anschließend in umgekehrter Reihenfolge zu einer komplizierteren Übung zusammengesetzt werden. Wenn man eine Verhaltenskette »rückwärts« aufbaut, hat man den Vorteil, dass die letzte Einzelübung von dem Hund am besten beherrscht wird. Das wollen wir am Laufsteg nutzen. Die letzte Übung, die der Hund darauf machen muss, ist das Berühren der Kontaktzone beim Abgang. Also fangen wir damit an. Der Hund wird zunächst mit Blickrichtung nach unten auf die Kontaktzone gehoben. Aus diesem Grund eignet sich diese Möglichkeit auch nur für Hunde, die man auch hochheben kann, einmal vom Gewicht her und einmal vom Vertrauen des Hundes. Viele Hunde geraten schon in Stress, wenn sie hochgehoben werden. Das ist dann natürlich keine gute Voraussetzung, ein neues Hindernis zu lernen. Deshalb sollte der Hund es kennen, dass er hochgehoben wird. Dann heben Sie den Hund – wie oben beschrieben – auf die Kontaktzone. Dort wird er gestreichelt, gefüttert, er darf sich setzen oder legen, ganz wie es ihm angenehm ist. Und Sie sollten es ihm da so angenehm wie möglich machen. Runter darf er aber erst auf ein bestimmtes Kommando hin. Das könnte z.B. ein »O.k.« sein oder ein »Lauf«, ganz wie Sie wollen. Sollte der Hund etwas Unsicherheit zeigen, geben Sie dieses Kommando ziemlich schnell und entlassen Sie ihn aus dieser unheimlichen Situation. Ist er erst einmal von dem Laufsteg herunter, wird er nicht mehr beachtet. Sie sollten ihn also nicht dafür loben, dass er den Laufsteg verlassen hat. Das macht man oft unbewusst, weil damit die Übung ja beendet ist. Der Hund wird jedoch dabei für das Verlassen des Laufsteges gelobt. Er soll aber lernen, dass die Kontaktzone ein ganz toller Platz ist. Da lohnt es sich zu sein. Also gibt es alle schönen Sachen auf der Kontaktzone, dahinter gibt es nichts mehr.

Wiederholen Sie diese Übung so lange, bis der Hund sicher und entspannt auf der Kontaktzone steht und dort die Annehmlichkeiten genießt, die Sie ihm zukommen lassen. Es sollte nicht mehr nötig sein, den Hund fest-

Gisela hat Esuv auf die Kontaktzone des Abganges gestellt und macht ihm diesen Ort angenehm.

Hier stellt Gisela Esuv schon oben auf den Abgang.

Sie dem Hund die Kontaktzone zu etwas besonders Tollem gemacht haben, sollte er in freudiger Erwartung von alleine anhalten. Dafür wird er prompt wieder gelobt, als hätte er ein Weltwunder vollbracht. Erst mit Kommando darf – oder jetzt besser »muss« (weil es da doch so schön ist) – er den Laufsteg wieder verlassen. Sollte Ihr Hund noch keine Anstalten machen, von sich aus an der Kontaktzone anzuhalten, gehen Sie noch einmal zum ersten Schritt zurück. Zwei Dinge unterstützen das Anhalten: erstens, dass es dort so schön ist, und zweitens, dass er erst auf Ihr Kommando hin runter darf. Daher lernen es die Hunde eigentlich sehr schnell. Sie sollten etwas darauf achten, dass Sie dem Hund eben keine Hilfe zum Anhalten geben. Das soll er von sich aus machen. Also nicht etwas fester ins Halsband packen oder etwas sagen, sondern lassen Sie den Hund einfach machen. Er soll und wird lernen mitzudenken.

Sie erarbeiten sich das Hindernis jetzt stückweise weiter, indem Sie den Hund erst oben auf dem Abgang absetzen, dann hinten auf der Planke, in der Mitte, vorne, oben auf dem Aufgang, in der Mitte des Aufganges, bis Sie schließlich an den Anfang des Hindernisses gelangen.

Denken Sie dabei nur immer daran, dem Hund das Anhalten auf der Kontaktzone zu einem schönen Ereignis zu machen. Außerdem darf er erst auf Ihr Kommando hin runter. Beide Sachen sind ganz wichtig und hierbei können Sie sich in Ihrer Konsequenz üben. Sie sollten also immer daran denken.

Wenn Sie einen schnellen Hund haben, sehen Sie jetzt schon die Vorteile dieser Übung. Wenn Sie ihn nämlich

zuhalten, damit er nicht den Laufsteg verlässt. Weil er erfahren hat, dass ihm auf der Kontaktzone so angenehme Dinge passieren, wird er von sich aus schon da anhalten und darauf warten.

Als Nächstes heben Sie den Hund und setzen ihn auf dem halben Abgang ab. Lassen Sie ihn die wenigen Schritte bis zur Kontaktzone gehen, wobei Sie ihn zwar locker festhalten sollten, damit Sie ihn im Notfall haben, aber Sie sollten nicht auf ihn einwirken. Wenn am Aufgang losschicken, wird er viel schneller als Sie auf der Kontaktzone sein, dort aber auf Sie warten, ohne dass Sie etwas sagen brauchten.

Als Nächstes kommt wieder das »Anforderungsspiel«. Läuft Ihr Hund über den Laufsteg und bleibt am Ende stehen, wenn eine fremde Person anwesend ist? Wenn diese nebenher läuft? Wenn er wirklich schnell über den Laufsteg läuft? Wenn in einiger Entfernung ein Bällchen liegt? Wenn ein anderer Hund vorbeigeht?

Gestalten Sie die Anforderung so weit, dass Ihr Hund – und damit Sie beide – Erfolg haben können. Lernen Sie Ihren Hund immer besser einschätzen zu können. Gehen Sie dabei lieber etwas zu langsam als zu schnell vor. Denn Sie wissen ja: Ziel sollte es sein, dass der Hund nie den Laufsteg ohne Kommando verlässt. Ganz im Notfall sollten Sie das Kommando geben, wenn Sie merken, dass Ihr Hund sich gerade anschickt, die Kontaktzone zu verlassen. Aber wirklich nur im Notfall. Besser ist es, wenn Sie wirklich so langsam vorgehen, dass es dazu nicht kommt.

Vielleicht werden Sie sich fragen, wie es dann weitergeht. Schließlich soll der Hund im Turnier möglichst schnell sein und nicht auf der Kontaktzone anhalten und wertvolle Zeit verschenken. Der Trick ist der, dass Sie dann das Freizeichen geben, kurz bevor er anhält. Dabei ist natürlich Ihr Timing ganz besonders wichtig. Aber das üben wir später im Parcours.

KONTAKTZONENTRAINING ÜBER FREIES FORMEN ▶ Der Hund kann auch ganz ohne dass wir ihm besonders helfen, nämlich durch das freie Formen, die Kontaktzonen lernen. Wir

Mit unterschiedlichen Ablenkungen können Sie das sichere Warten auf der Kontaktzone festigen.

geben in dem Fall wieder nur den richtigen Weg an mittels Klicker und Belohnung. Zuerst sollten wir uns überlegen, was der Hund auf der Kontaktzone machen soll. Es gibt mehrere Möglichkeiten: Er könnte mit der Nase die Kontaktzone berühren, mit der Pfote, er könnte sich darauf hinlegen, stehen bleiben, kriechen oder was auch immer dafür sorgt, dass eine Pfote auf der Kontaktzone landet. Wir möchten hier das Beispiel erklären, dass der Hund die Kontaktzone mit der Nase berühren soll. Dazu muss er nämlich abbremsen und kann nicht einfach so darüber hinweg springen.

Girlie berührt den auf der Kontaktzone liegenden Bierdeckel.

Hier macht sie dasselbe auf der hinteren Kontaktzone.

Auch dafür gibt es wieder mehrere Möglichkeiten. Die erste ist, dass der Hund lernen soll, die andersfarbige Kontaktzone ohne irgendeine Hilfe zu berühren. Die andere Möglichkeit wäre, dass man ihm eine kleine Hilfe in Form eines Zeichens, z.B. eines Bierdeckels gibt, den er berühren soll. Bei dieser Hilfe muss man wieder bedenken, dass man sie schrittweise abbauen können muss. Denn im Ernstfall liegen nun mal keine Bierdeckel auf den Kontaktzonen. Mit einem Bierdeckel geht das aber ganz gut, weil man ihn immer kleiner machen kann, bis er schließlich weg ist.

Kennt Ihr Hund den Laufsteg noch nicht, können Sie sofort mit der Übung beginnen.

Sie legen den Bierdeckel ziemlich weit unten auf die Kontaktzone und klicken jede Bewegung in seine Richtung, bis der Hund ihn schließlich mit der Nase berührt. Sollte Ihr Hund das lieber mit der Pfote machen, können Sie auch das aufnehmen.

Kennt Ihr Hund den Laufsteg jedoch schon, und läuft jedes Mal sofort

darüber, wenn Sie ihn davor loslassen, empfiehlt es sich, erst einfach auf der Wiese zu üben, dass er den Bierdeckel berühren soll. Wenn er das gut macht, geben Sie ein entsprechendes Kommando dazu, wie z.B. »Touch«. Dann kommt wieder unser Anforderungsspielchen. »Kannst du den Bierdeckel auch berühren, wenn andere Menschen anwesend sind? ...wenn andere Hunde in der Nähe sind? ...wenn ein Ball in der Nähe liegt? ....wenn der Bierdeckel auf der Kontaktzone vom Laufsteg liegt?« In diesem Fall kann dann das Laufen über den Laufsteg die Belohnung nach dem Klick sein, wenn der Hund dieses Hindernis so gerne läuft.

Ähnlich gilt es für die Kontaktzone am Abgang. Wenn Ihr Hund mit dem Hindernis noch nicht vertraut ist und sich langsam darüber wagt, können Sie den Bierdeckel an das Ende des Laufstegs legen und ihn vom Hund berühren lassen. Denken Sie daran, dass Sie keinerlei Hilfestellung geben außer dem Klick und der Belohnung, wenn sich der Hund auf dem richtigen Weg befindet.

Wenn Ihr Hund jedoch schon über den Laufsteg »fliegt«, ist es sinnvoller, den zweiten Bierdeckel anfangs schon auf den Aufgang zu legen, später auf die Planke, dann auf den Abgang und ganz zum Schluss unten auf die Kontaktzone. So machen Sie es dem Hund leichter.

Im nächsten Schritt werden die Bierdeckel auf den Kontaktzonen Stück für Stück verkleinert, bis sie schließlich nicht mehr da sind. Gehen Sie dabei besonders am Ende sehr langsam vor. Und denken Sie daran, konsequent zu sein. Ihr Hund kann nicht lernen, was

Sie von ihm wollen, wenn er mal ohne die Touch-Übung über den Laufsteg laufen darf und mal mit dieser Übung. Bei dieser Übung ist es wieder von entscheidender Bedeutung, gut an den Grundlagen zu arbeiten. Wenn Sie zu schnell vorgehen und Ihr Hund das Zeichen auf der Kontaktzone überrennt, wird er nämlich dadurch belohnt, dass er weiterlaufen darf. Sie können den Hund ab einem bestimmten Punkt jedoch nicht mehr daran hindern. Daher sollte es zu dem Zeitpunkt möglichst nicht mehr passieren. Das geht, wenn Sie schön langsam und gründlich vorgehen. So fordert also die Ausbildung von Ihnen ein hohes Maß an Selbstdisziplin, d.h. letztendlich: Sie lernen nicht nur für den Sport, sondern fürs Leben.

Diese freien Formübungen können Sie übrigens auch schön zu Hause trainieren, ohne dass Sie einen ganzen Laufsteg im Garten haben. Es reicht eine ca. 30 Zentimeter breite Bohle von etwa 2 Metern Länge. Setzen Sie die Kontaktzone deutlich ab, in dem Sie sie farbig streichen. Wenn Sie die gesamte Bohle streichen –, also dann zwei Farben verwenden – bleibt sie länger schön, für den Fall dass sie Wind und Wetter ausgesetzt ist und Sie nicht nur bei schönem Wetter üben.

Mit einer solchen Bohle kann man hervorragend üben, dass der Hund sich ohne Kommando auf der Kontaktzone hinlegt. Sie setzen sich mit Klicker und Leckerchen mit gegrätschten Beinen vor die Kontaktzone und warten ab. Klicken und belohnen Sie alles, was in Richtung hinlegen geht. Zuerst kann es nur ein Nach-unten-Gucken sein, dann dass der Kopf gesenkt wird oder auch ein Hinsetzen. Bald wird sich Ihr Hund

vor Sie auf der Kontaktzone hinlegen. Denken Sie an den Jackpott, wenn er es zum ersten Mal richtig macht. Dann kommt wieder das Anforderungsspielchen: »Legst du dich auch hin, wenn ich vor der Bohle hocke? ... wenn ich stehe? ... wenn ich etwas weiter weg stehe? ... wenn die Bohle am Ende höher liegt und du auf die Kontaktzone herunter läufst?« Wieder ist es Ihre Aufgabe, die Anforderungen nur so hoch zu gestalten, dass Ihr Hund auch erfolgreich sein kann. Dazu braucht jeder Hund unter Umständen unterschiedlich viele Schritte. Lernen Sie also flexibel zu sein und sich auch immer mehr Zwischenschritte einfallen zu lassen.

Wenn diese Übung mit der Bohle gut klappt, können Sie sie auf den Laufsteg übertragen. Beginnen Sie mit dem richtigen Hindernis am besten wieder so, dass Sie mit gegrätschten Beinen vor der Kontaktzone sitzen. Üben Sie dieselben Schritte wie mit der Bohle. Diesmal sollte es um einiges schneller gehen. Das Ergebnis ist ein Hund, der sich ohne Hilfe auf der Kontaktzone hinlegt.

Auf einer Bohle bringt Tina ihrer Hündin Bailey's das Liegen auf der Kontaktzone über freies Formen bei.

Sandra zeigt Bobby mit der Führhand die Kontaktzone.

Wenn das gut klappt, wird es Zeit auf variable Belohnung umzuschalten. Das heißt, der Hund wird nicht mehr jedes Mal belohnt, sondern immer seltener. Bis jetzt hat der Klick die Übung beendet. Wenn Sie jetzt nicht klicken, sollten Sie die Übung immer mit einem Freizeichen beenden, also »O.k.« oder »Na lauf« oder was auch immer Sie sich wählen. So haben Sie später wieder die Möglichkeit, dieses Freizeichen vor dem Hinlegen zu geben, damit der Hund ohne Zeitverlust dieses Hindernis absolviert. Denken Sie jedoch auch in diesem Ausbildungsstadium daran, dass Sie in mehr als der Hälfte der Versuche den Hund sich hinlegen lassen, unter Umständen auch deutlich öfter. Das gilt auch noch für Ihre ersten Turniere, bzw. Ihre erste Turniersaison. Sonst wird die Ausführung der Übung immer nachlässiger und wenn dann im Ernstfall eines Turniers noch die Aufregung dazu kommt, ist alles vergessen. Daher ist hier wieder in besonderem Maße Ihre Konsequenz gefordert.

KONTAKTZONEN UND FÜHRHAND

▶   Wir hatten anfangs dem Hund beigebracht, die Faust als Target anzunehmen. Auch damit haben wir wieder eine Möglichkeit, dem Hund zu helfen, die Kontaktzonen zu berühren. Sie führen ihn sozusagen – in unserem Fall mit der geschlossenen Faust – auf die Kontaktzonen. Dafür müssen Sie jedoch zumindest mit dem Hund an den Kontaktzonen sein, besser vorher. Das macht diese Methode unter Umständen etwas schwierig. Man kann dem Hund natürlich ein »Warte« beibringen oder ein »Langsam«, aber auch dadurch wird wieder wertvolle Zeit verschenkt.

Wenn man mit der Führhand arbeitet, sollte der Hund natürlich gelernt haben, was das bedeutet. Wir dürfen von einem Hund nie etwas erwarten, was wir ihm nicht vorher beigebracht haben.

Viele Menschen neigen dazu zu glauben, der Hund verstehe automatisch was der zeigende Arm bedeutet. Das ist aber nicht so, denn diese Körperhaltung ist bei Hunden so nicht üblich; daher können sie auch nicht ohne weiteres verstehen, was wir damit meinen. Aber sie können es lernen. Eine Möglichkeit ist z.B. die Targetvariante. Eine andere wäre, dass die Hand immer auf ein Leckerchen zeigt, der Hund also mit der Zeit die Bedeutung des Armes kennen lernt. Seien Sie sich dessen bewusst. Wir werden später im Parcours noch einmal darauf zurückkommen.

Es ist natürlich auch möglich, dass Sie verschiedene Varianten verbinden. So lehren wir den Laufsteg gerne als Verhaltenskette und die Kontaktzone am Aufgang wird über die Touch-Lösung trainiert. Wichtig ist, dass Sie sich zunächst ein Konzept machen, aber auch so flexibel sind, dieses abzuändern, wenn deutlich wird, dass Hund oder/ und Mensch damit nicht klar kommen. Gönnen Sie sich und Ihrem Hund jedoch einige Zeit, erst einmal mit einer Methode vertraut zu werden. Diese Übung erfordert nämlich alles, außer den Hund einfach rennen zu lassen.

Unser Hauptaugenmerk galt bisher der Kontaktzone am Abgang. Mit zunehmender Sicherheit und Geschwindigkeit des Hundes kann jedoch auch die Kontaktzone am Aufgang zum Problem werden. Die Hunde überspringen sie einfach mit einem großen Satz. Um das zu verhindern, kann man – außer der Touch-Variante – dem Hund auch beibringen, diesen großen Satz so weit vor dem Hindernis zu beginnen, dass er schließlich doch mit mindestens einem Fuß auf der Kontaktzone landet. Dazu nehmen wir uns wieder eine Hürde zur Hilfe, die vor dem Laufsteg aufgestellt wird. Den richtigen Abstand findet man am besten mit einer Hilfsperson, die die Sprungweite des Hundes besser beobachten kann. Durch das ständige Wiederholen wird dem Hund so ein früherer Absprung antrainiert. Natürlich muss man auch diese Hilfe wieder so nach und nach abbauen, indem die Stange immer niedriger eingestellt, dann nur noch auf dem Boden liegt und schließlich vielleicht sogar durch eine grasgrüne ersetzt wird (vorausgesetzt Sie üben auf der Wiese). Da es hierbei einfach um das Einüben eines motorischen Ablaufes geht, ist es wichtig, diese Hilfe auch sehr lange beizubehalten. Im Zweifelsfalle sogar lieber zu lange als zu kurz. Selbst wenn Sie schnell Turnierambitionen haben, lohnt es sich, wenn Sie sich am Anfang

noch gedulden und lieber an guten Grundlagen arbeiten, um dann etwas später erfolgreich zu sein.

Wie viele Leute sind immer enttäuscht, wenn die Fehler irgendwann kommen. Und die kommen mit Sicherheit, wenn diese fundamentalen Übungen nicht richtig aufgebaut werden.

Was tun Sie jedoch, wenn Sie einen Hund haben, der sich vor dem Laufsteg fürchtet und sich gar nicht traut, ihn zu betreten? Wenn Sie den Laufsteg nicht so verstellen können, dass er eine Höhe von höchstens 30 Zentimetern hat, üben Sie erst an einer Bohle. Die kann anfangs noch auf dem Boden liegen und wird Stück für Stück erhöht, indem Sie z.B. immer mehr Ziegelsteine darunter legen. Hier empfiehlt sich wieder, jeden Schritt, den der Hund macht, mit einem Markersignal wie dem Klicker zu markieren und anschließend zu belohnen. Damit stellen Sie sicher, dass wirklich die Vorwärtsbewegung belohnt wird und nicht das Zögern. Mit jedem Schritt steigern Sie so das Selbstvertrauen Ihres Hundes, bis er schließlich auch über den auf volle Höhe aufgebauten Laufsteg läuft.

Übungsziele Laufsteg
(Beispiel Verhaltenskette)

▸ Hund geht sicher innerhalb der Holme einer am Boden liegenden Leiter
▸ Hund wird auf Kontaktzone am Abgang gesetzt und darauf bestätigt, bis er ganz sicher ist
▸ Hund wird auf mittleren Abgang gesetzt und sollte alleine auf Kontaktzone anhalten
▸ Hund wird auf oberen Abgang gesetzt und nach und nach immer weiter nach vorne, bis er den kompletten Laufsteg läuft

- Das Kommando wird eingeführt
- Hund läuft über Laufsteg und stoppt auf Kontaktzone, egal ob Sie rechts oder links von ihm laufen
- Hund lässt sich über Laufsteg schicken und stoppt selbstständig auf Kontaktzone
- Hund lässt sich über Laufsteg abrufen
- Hund stoppt auch unter Ablenkung ohne Hilfe auf Kontaktzone

▶ Der Tunnel

Optimal ist es natürlich, wenn der Hund schon als Welpe den Tunnel kennen gelernt hat (siehe S. 92). Wenn nicht, ist das aber auch nicht schlimm. Erfahrungsgemäß ist für die allermeisten Hunde der Tunnel ein Hindernis, das sie sehr mögen, wenn sie erst mit ihm vertraut sind. Leider sieht man immer noch viele Ausbilder, die die Hunde an der Leine durch den Tunnel zerren (siehe Seite 11). Ersparen Sie das

Ihrem Hund! Auch ein ängstlicher Hund wird es ohne Gewalt lernen, den Tunnel zu durchlaufen. Und mit jedem Schritt, den er sich freiwillig diesem gefürchteten Objekt nähert, wird sein Selbstbewusstsein steigern.

> ### ▶ TIPP
> *Sie können den Tunnel später gut zur Belohnung für das Überwinden eines anderen Hindernisses anwenden, denn die meisten Hunde lieben ihn.*

Aber nun der Reihe nach. Ein Tunnel – oder auch Röhre genannt – ist normalerweise flexibel, d.h., man kann ihn zusammenschieben und auch verschieden stark biegen. Für den Anfang wird der Tunnel auf ca. einen Meter Länge zusammengeschoben. Bei dieser Übung arbeiten Sie am besten wieder mit einem Helfer. Sie bitten den Helfer,

Renate schickt Babsy durch die Röhre.

Hier wird Folja durch den Tunnel gelockt.

den Hund am Tunneleingang festzuhalten. Sie selber gehen an das andere
Ende, gucken durch den Tunnel, machen den Hund auf sich aufmerksam
und versuchen, ihn durch den Tunnel
zu sich zu rufen. Wenn er kommt, loben Sie ihn, als hätte er ein Weltwunder
vollbracht! Zeigen Sie ihm, wie toll Sie
ihn finden. Bei jeder Wiederholung
wird der Tunnel jetzt stückweise verlängert. Richten Sie sich dabei nach Ihrem
Hund. Bei manchen Hunden kann es
schon nach zwei bis drei Wiederholungen sein, dass der Tunnel auf seine
volle Länge ausgezogen ist, bei anderen
Hunden dauert es eben etwas länger.
Steigern Sie die Anforderungen auf jeden Fall nur so weit, dass Ihr Hund sich
sicher fühlt.

Jedes Mal, wenn Ihr Vierbeiner freudig den Tunnel durchläuft, geben Sie
ihm das zugehörige Kommando, damit
er lernen kann, wie dieses Hindernis

heißt. Das kann z.B. »Tunnel«, »Röhre« oder »durch« sein oder was auch
immer. Wichtig ist nur, dass Sie immer
dasselbe Wort benutzen. Oft hört man
»Tunnel-durch«. Das ist immer ein
schönes Beispiel, wie die Menschen
meinen, mit Worten dem Hund verständlich machen zu müssen, was sie
von ihm erwarten. Der Hund versteht
aber die Worte nicht. Sie haben für ihn
keine Bedeutung. Er lernt höchstens,
diese Worte mit dem Hindernis zu verknüpfen. Dafür reicht dann aber auch
ein Wort. Zwei machen es dem Hund
nicht deutlicher.

Was ist aber nun, wenn der Hund
so ängstlich ist, dass er nicht freiwillig
durch die Röhre geht? Bei diesen
Hunden hilft es oft, wenn Sie es Ihnen
selbst vormachen. Sie bitten also wieder
einen Helfer, den Hund an der einen
Seite dieses Hindernisses festzuhalten.
Sie selbst kriechen von der anderen

Seite durch den Tunnel auf den Hund zu, spielen mit ihm und kriechen dabei wieder rückwärts zur anderen Seite heraus, indem Sie den Hund mit sich locken. Auch ein befreundeter anderer Hund kann dabei eine gute Hilfe und Vorbild sein.

Sollte auch das nicht funktionieren, kann wieder der Klicker gute Dienste leisten. Jede Bewegung des Hundes auf den Tunnel zu, wird geklickt mit anschließender Belohnung. Auch wenn Sie nicht mit Klicker arbeiten, können Sie jede Bewegung in die richtige Richtung belohnen. Wichtig ist eben das Timing. Genau in dem Moment der Vorwärtsbewegung sollte die Belohnung kommen und nicht dann, wenn der Hund schon wieder zögert. Das ist ein häufig gemachter Fehler. Solange der Hund sich ohne Zögern dem Tunnel nähert, wird kaum reagiert, sobald er zögert, kommt das Leckerchen oder Spielzeug heraus, um ihn zu locken. Was lernt der Hund dabei? Zögern lohnt sich! Also achten Sie auf Ihr Timing!

Auch wenn der Hund schon halb im Tunnel ist und nach dem Klick oder dem Lobwort wieder rückwärts herausspringt, ist das nicht schlimm, solange Sie während der Vorwärtsbewegung geklickt haben. Auch dann bekommt er also seine Belohnung. Denn durch das Markersignal weiß er ja, wofür er belohnt wurde. Beim nächsten Versuch wird er sich viel schneller überwinden und sich immer ein Stückchen weiter in den Tunnel hineintrauen, bis er schließlich ganz durchläuft.

Vermeiden Sie möglichst auch, den Weg durch den Tunnel mit Leckerchen zu pflastern. Machen Sie den Tunnel lieber so kurz, dass Sie die Leckerchen

schon wieder draußen geben können. Sonst gewöhnen Sie dem Hund nur an, im Tunnel nach Leckerchen zu suchen. Das soll er jedoch nicht. Er soll möglichst zügig durchlaufen. Geben Sie bei einem ängstlichen Hund erst dann das Kommando, wenn er schon zügig das Hindernis durchläuft. Er soll schließlich nicht das Zögern mit dem Kommando verknüpfen.

Wenn Ihr Hund freudig durch den ganz ausgezogenen Tunnel auf Sie zu gelaufen kommt, wenn Sie ihn rufen, sind Sie bereit für den nächsten Schritt. Die Röhre wird zunächst wieder zusammengeschoben. Sie stellen sich mit dem Hund an deren Eingang. Jetzt schicken Sie den Hund mit dem von Ihnen gewählten Kommando durch das Hindernis. Normalerweise sollte das jetzt ohne Zögern vonstatten gehen, ansonsten haben Sie die Vorübung nicht gründlich genug gemacht und sollten in der Ausbildung noch mal einige Schritte zurückgehen. Laufen Sie abwechselnd auf jeder Seite mal mit und empfangen Sie den Hund am Ende des Tunnels mit einem tollen Spiel oder einer anderen tollen Belohnung. Falls der Hund noch langsamer als Sie ist, erwarten Sie ihn am besten nicht direkt am Tunnelausgang. Er soll ja lernen, so schnell wie möglich hindurchzulaufen. Das kann er nicht, wenn Sie vor dem Ausgang stehen. Also laufen Sie am besten mit dem Hund noch einige Schritte, nachdem er den Tunnel verlassen hat und loben ihn währenddessen.

Als nächstes wird der Tunnel wieder stückweise auf seine volle Länge ausgezogen. Wieder gilt, dass das bei einigen Hunden mit relativ wenigen Zwischenschritten möglich ist, bei anderen müssen Sie sich mehr Zeit lassen. Immer wenn der Hund einen Fehler macht, dass er z.B. nicht durch den Tunnel laufen will oder an der Seite vorbeiläuft, sind Sie einen Schritt zu weit gegangen. In dem Fall sollten Sie sich immer überlegen, wie Sie die Übung für Ihren Hund gestalten müssen, damit er erfolgreich sein kann. Meist bedeutet das, dass man noch einmal ein paar Schritte in der Ausbildung zurückgehen sollte.

Wenn der Hund diesen Übungsschritt beherrscht, kommt als nächste Schwierigkeit die Krümmung des Tunnels hinzu. Wieder fangen Sie ganz einfach an, indem Sie den Tunnel nur ganz wenig knicken. Das steigern Sie schrittweise, bis der Ausgang schließlich in derselben Richtung wie der Eingang liegt. Der Hund braucht schon einiges an Mut, durch eine Röhre zu laufen, deren Ausgang er nicht sehen kann. Nach den Vorübungen sollte das aber wieder kein Problem sein. Denken Sie daran, den Tunnel in beide Richtungen zu krümmen.

Wenn der Hund durch all diese Vorübungen mit dem Hindernis vertraut ist, ist der nächste Übungsschritt, dass Sie ihn aus unterschiedlichen Positionen in den Tunnel hineinschicken. Auf der Abbildung rechts unten sind die einzelnen Positionen der Reihe nach nummeriert, so wie Sie sie mit dem Hund üben sollten. Denken Sie wieder daran, noch weitere Zwischenschritte einzubauen, falls der Hund sie braucht.

Im letzten Übungsschritt wird noch Ablenkung eingebaut. Lassen Sie auch mal andere Leute am Tunnel vorbeilaufen, auch andere Hunde oder was Ihnen sonst noch einfällt. Ganz so schlimm kommt es zwar auch später beim Turnier nicht, aber es kann nie

Gabriele ruft ihren Hund durch den aufgehaltenen Sacktunnel.

schaden, wenn man ein bisschen besser ausgebildet ist als nötig.

Erst wenn der Hund den Tunnel bis zu diesem letzten Übungsschritt beherrscht, sollte man ihn in einen Übungsparcours mit einbauen. Denn im Parcours warten noch andere Schwierigkeiten, so dass der Hund diese Grundlagen beherrschen sollte, damit Sie sich voll auf die neuen Herausforderungen konzentrieren können.

Übungsschritte Tunnel

▸ Hund wird durch zusammengeschobenen Tunnel gelockt
▸ Hund wird durch ausgezogenen Tunnel gelockt
▸ Hund lernt das Kommando
▸ Hund wird durch Tunnel geschickt
▸ Mensch läuft mal an der rechten, mal an der linken Seite mit
▸ Hund läuft durch gekrümmten Tunnel
▸ Hund läuft mit unterschiedlichen Anlaufwinkeln
▸ Hund lässt sich aus unterschiedlichen Winkeln abrufen
▸ Hund durchläuft den Tunnel auch mit Ablenkung

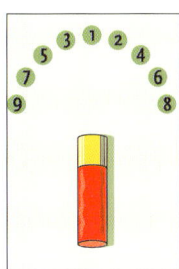

Üben Sie auch die unterschiedlichen Anlaufwinkel.

Wenn der Hund den Sacktunnel sicher durchläuft – wie hier Tosca –, dann kommt das Kommando hinzu.

▶ Der Sacktunnel

Der Sacktunnel bedeutet für den Hund wieder eine neue Herausforderung, weil er sich hierbei durch den an dem Tunnel hängenden Sack einen Ausgang suchen muss.

Um jegliche Angst des Hundes vor dem Hindernis zu vermeiden, ist wieder ein schrittweises Vorgehen im Training wichtig. Wenn der Hund den festen Tunnel schon beherrscht, was sehr ratsam ist, genügt es meist, wenn der Sack bei den ersten Durchläufen schön weit aufgehalten wird. Stück für Stück wird er weiter heruntergelassen, so dass er zunächst nur den Rücken des Hundes beim Durchlaufen berührt, bis er schließlich ganz auf dem Boden liegt und der Hund sich seinen Weg suchen muss. D.h., suchen muss er jetzt eigentlich nicht mehr. Er weiß ja, worauf es ankommt.

Kennt der Hund den festen Tunnel noch nicht, ist es besser, den Sack bei den ersten Versuchen entweder ganz abzunehmen oder ziemlich weit einzurollen. Dann gehen Sie zunächst so vor, wie es beim festen Tunnel beschrieben

ist. Wenn der Hund zuversichtlich durchläuft, wird der Sack Stück um Stück verlängert und schließlich – wie oben beschrieben – ganz allmählich bis auf den Boden heruntergelassen.

Wichtig: Achten Sie unbedingt darauf, dass der Sack immer gerade ausgelegt ist! Sonst besteht die Gefahr, dass sich der Hund darin verheddert. Bis der Hund wirklich sicher mit diesem Hindernis ist, sollten Sie auch unbedingt mit einem Helfer arbeiten, der zur Not eingreifen und dem Hund den Weg zeigen kann.

Auch hier wird wieder ein Kommando dazugegeben, sobald der Hund das Hindernis sicher durchläuft. Viele Ausbilder nehmen denselben Begriff wie für den festen Tunnel. Da wir aber auch immer darauf bedacht sind, den Hund auch geistig zu fordern, nehmen wir gerne ein eigenes Kommando wie z.B. »Sack«. Das wird uns später beim Unterscheidungstraining (siehe Seite 69) zugute kommen.

Jetzt gilt es wieder, alle möglichen Ablenkungen einzubauen, dass der Hund z.B. in verschiedenen Winkeln auf das Hindernis zuläuft, dass Sie nacheinander auf beiden Seiten mitlaufen, dass andere Menschen herumstehen usw.

Ganz zum Schluss, wenn der Hund wirklich ziemlich sicher mit diesem Hindernis ist, üben Sie, dass Sie den Hund gerade in den Sacktunnel hineinlaufen lassen und dann beim Mitlaufen immer mehr die Richtung ändern, bis Sie schließlich im rechten Winkel weiterlaufen. Gehen Sie dabei sehr behutsam vor. Es besteht nämlich immer die Gefahr, dass der Hund sich im Sack verheddert, wenn er schon zu früh die Richtung ändern will, weil er Sie weglaufen hört. Wenn Sie die Übung schön schrittweise aufbauen, dürfte der Hund das jedoch ohne Probleme bewältigen. So sind Sie dann wieder bestens vorbereitet, wenn dieses Hindernis im Parcours auftaucht, und Sie und Ihr Hund können sich auf die dann wesentlichen Dinge konzentrieren.

Übungsschritte Sacktunnel

- ▶ Hund wird durch aufgehaltenen Sacktunnel gelockt
- ▶ Hund wird durch Sacktunnel gelockt, der nicht mehr aufgehalten wird
- ▶ Hund lernt das Kommando
- ▶ Hund wird durch Sacktunnel geschickt
- ▶ Mensch läuft mal an der rechten, mal an der linken Seite mit
- ▶ Hund läuft mit unterschiedlichen Anlaufwinkeln
- ▶ Hund läuft auch unter Ablenkung

▶ Die Wippe

Mit der Wippe lernt der Hund das nächste Kontaktzonenhindernis. Auch hier gilt es also beim Auf- und beim Abgang die farbig markierte Fläche mit mindestens einer Pfote zu berühren. Wir lehren die Wippe erst dann, wenn der Hund sicher auf dem Laufsteg ist. Da die Bohle ähnlich aussieht, verallgemeinern die Hunde hier relativ schnell. Das, was sie neu dazulernen müssen, ist eben dieser Wippvorgang. Auch hier wird der Hund wieder langsam herangeführt. Vermeiden Sie unbedingt, etwas überstürzen zu wollen. Schon viele Hunde sind bei einem unbedachten Versuch fluchtartig von der Wippe gesprungen, und es brauchte dann sehr lange, bevor sie sich wieder auf dieses Hindernis trauten. Wie bei allen Hindernissen gilt auch hier: Sie kommen schneller mit langsamen kleinen Schritten ans Ziel! An der Wippe sollten Sie zwei Helfer haben. Einer geht mit Ihnen an je einer Seite des Hundes. Der andere steht am Ende der Wippe und sorgt dafür, dass diese ganz langsam abgesenkt wird und nicht mit einem Mal umschlägt.

Sie und der Helfer an der Seite des Hundes sollten den Hund nicht krampfhaft festhalten, aber sehr sehr wachsam sein, um im Falle eines Falles sofort eingreifen zu können. Es muss unter allen Umständen vermieden werden, dass der Hund vom Hindernis stürzt und so gleich zu Anfang eine schlechte Erfahrung macht!

Die Verwendung des Klickers kann das Erlernen der Wippe wieder merklich beschleunigen, indem Sie jede Vorwärtsbewegung klicken und Sie so dem Hund mit jedem Schritt Erfolg und Zuversicht vermitteln.

Der Helfer am Ende sorgt also dafür, dass die Wippe ganz langsam zu Boden geht. Auf der hinteren Kontaktzone wird der Hund wieder ausgiebig gelobt, und er darf das Hindernis erst mit einem O.k., oder was immer Ihr Freizei-

Der Hund wird mit zwei Helfern sicher über die Wippe gelockt.

chen ist, verlassen. So lernt er von Anfang an, die Kontaktzone zu beachten.

Bei den folgenden Durchläufen wird
die Wippe von Mal zu Mal schneller heruntergelassen, bis der Helfer am Ende
nicht mehr nötig ist. Richten Sie sich
dabei jedoch unbedingt nach Ihrem
Hund! Sie sollten nur so schnell vorgehen, dass er immer sicher ist. Achten
Sie auf seine Körpersprache. Der Hund
sagt es Ihnen, wann Sie die Anforderungen – in dem Fall, dass die Wippe
schneller umschlägt – erhöhen können.

Für manche Hunde empfiehlt es
sich, am Umschlagpunkt ein »Warte«
einzuüben, d.h., der Hund soll dort warten, bis die Wippe den Boden berührt
hat. Das gilt für sehr scheue Hunde, für
die es ein Schock sein könnte, wenn die
Wippe unter ihnen herunterkracht,
oder auch für sehr schnelle Hunde. Bei
ihnen besteht nämlich die Gefahr, dass

Sie schon vom Hindernis abspringen,
bevor es den Boden berührt hat. Das
gilt als Fehler, selbst wenn die Kontaktzone berührt wurde.

Lassen Sie solche Hunde daher von
Anfang an am Umschlagpunkt warten.
Am besten ist es, wenn der Hund das
Warte- oder Stehkommando schon
kennt. Wenn nicht, halten Sie ihn eben
jedes Mal an, wenn er am Umschlagpunkt ankommt und lassen ihn erst
wieder los, wenn die Wippe den Boden
berührt. Wenn Sie konsequent sind,
lernt der Hund schnell, dass das die
einzige Art und Weise ist, dieses Hindernis zu bewältigen, und das Auftref-
fen der Wippe auf dem Boden wird das
Kommando fürs Weiterlaufen.

Bei mutigen Hunden kann man das
Warten auch auf die Kontaktzone verle-
gen anstelle des Umschlagpunktes.
Das spart im Ernstfall etwas an Zeit,
ist jedoch auch belastender für Bänder
und Gelenke, wenn der Hund mit der
Wippe herunterkracht.

Ab dann, wenn der Hund das Hindernis sicher nimmt, kommt das Kommando hinzu, und es ist wieder Zeit für
unser »Anforderungsspiel«.

Übungsziele Wippe

▸ Hund wird über Wippe geführt mit
   Helfer, der Wippe am Ende langsam
   ablässt
▸ Hund wird auf Kontaktzone
   bestätigt und darf sie erst nach
   Freizeichen verlassen
▸ Am Ende der Wippe steht kein
   Helfer mehr
▸ Hund lernt Kommando
▸ Hund läuft über Wippe, egal an
   welcher Seite der Mensch mitläuft
▸ Hund lässt sich über Wippe
   schicken

**Irene belohnt
Wichtel auf der
Kontaktzone.**

- Hund lässt sich über Wippe abrufen
- Hund läuft unterschiedliche Anlaufwinkel
- Hund läuft Wippe auch unter Ablenkung

► Die A-Wand

Mit der A-Wand lernt der Hund das dritte Kontaktzonenhindernis kennen. Es gibt oft Diskussionen, in welcher Reihenfolge die Kontaktzonenhindernisse eingeübt werden sollen. Ein Argument für den Beginn mit der A-Wand ist der, dass sie relativ breit ist, die Gefahr des Herunterfallens ist also viel geringer. Dennoch haben wir uns eigentlich – bis auf wenige Ausnahmen – auf die hier beschriebene Reihenfolge festgelegt. Das hat folgende Gründe: Die A-Wand – oder auch Schrägwand genannt – stellt hohe Ansprüche an den Knochen- und Bandapparat des Hundes. Wir wollen, dass sich der Körper des Hundes schon etwas auf die von ihm erwarteten Anforderungen eingestellt hat.

Für den Anfang wird die A-Wand so flach wie möglich gestellt. Sie können den Hund wieder mit Target oder Lecker-

chen hinüberführen. Denken Sie auch hier an das konsequente Vorgehen an der Kontaktzone. Lassen Sie den Hund von Anfang an da warten oder sich hinlegen, je nachdem für welche Strategie Sie sich entschieden haben. Für den Aufstieg empfiehlt sich auch hier wieder das »Touch«-Kommando.

Ganz allmählich wird die A-Wand auf die für den Hund geforderte Höhe gestellt. Um der Gesundheit Ihres Hundes willen lassen Sie sich damit ruhig Zeit. Das gilt ganz besonders für junge Hunde. Ein Hund, der noch keine zwei Jahre alt ist, sollte die A-Wand noch nicht in der vollen Höhe übergehen dürfen. Ihr Hund wird viel länger Freude am Sport haben, wenn Sie am Anfang geduldig sind.

So ist es für uns immer wieder erstaunlich, dass Hunde mit einem Alter von 6 Jahren schon zu den Senioren zählen. Selbst größere Hunde sollten dann erst ihre besten Jahre erreicht haben. Wenn man jedoch sieht, wie jung und wie ehrgeizig manche Hunde trainiert werden, wundert es einen eigentlich nicht, dass diese Hunde in diesem Alter schon verschlissen sind.

Hier bei der A-Wand ist es besonders wichtig, dass man in der Ausbildung besonderes Augenmerk auf die Kontaktzonen legt. Außer der reinen Tatsache, dass der Hund die Kontakt-

Silas lernt zu warten, bis die Wippe den Boden berührt. Er trägt ein Körperband, um ihm ein besseres Gefühl für seinen Körper zu geben.

Lisa führt Navajao mit dem Target über die A-Wand.

Renate lockt Babsy auf der Kontaktzone ins Platz. So wird sie später ihren Schwerpunkt weiter nach hinten verlagern, wenn die A-Wand auf volle Höhe eingestellt ist.

Übungsschritte A-Wand

- Hund wird über flache A-Wand gelockt
- Hund stoppt selbstständig auf Kontaktzone
- Hund lernt Kommando
- Hund läuft über A-Wand, egal an welcher Seite der Mensch mitläuft
- Hund lässt sich über A-Wand schicken
- Hund lässt sich über A-Wand abrufen
- Hund läuft unterschiedliche Anlaufwinkel
- Hund läuft A-Wand auch unter Ablenkung
- A-Wand wird allmählich auf volle Höhe gestellt (nur bei Hunden, die älter als zwei Jahre sind)

zone berühren soll, kommt hier nämlich noch ein besonderes Maß an Körpergefühl auf Seiten des Hundes hinzu. Ist die A-Wand nämlich auf die volle Höhe eingestellt, ist es vor allem für die Maxis ohne besondere Übung sehr schwierig, die Kontaktzone beim Abgang überhaupt berühren zu können. Durch die Steilheit der Wand, das Körpergewicht des Hundes und die Schwerkraft, muss der Hund ohne besondere Übung schon vorher abspringen, um nicht auf der Nase zu landen. Nur dadurch, dass der Hund gelernt hat, dass er die Kontaktzone berühren soll, wird er auf der Spitze der A-Wand sein Körpergewicht so nach hinten verlagern, dass er auch gefahrlos auf der Schrägwand bis nach unten kommt. Aber so etwas geht nicht von heute auf morgen, sondern erfordert schon einiges an motorischem Lernen, was durch häufige Wiederholung mit steigernden Anforderungen erreicht wird, so dass sich auch der Körper mit seinen Muskeln und Gelenken auf diese Anforderungen einstellen kann.

- **Der Slalom**

Wie bei allen Hindernissen gilt es natürlich auch für den Slalom, dass es so viele Ausbildungsmethoden dafür gibt wie Trainer. Wieder möchten wir Ihnen verschiedene Möglichkeiten mit ihren Vor- und Nachteilen vorstellen, so dass Sie für sich und Ihren Hund die bestgeeignetste Möglichkeit finden können. Auch wenn der Hund den Slalom bereits einigermaßen beherrscht, aber an einer bestimmten Stelle immer wieder Fehler macht, kann man eine Lösungsmöglichkeit dafür finden.

FÜHREN ▶ Hierbei wird der Hund mit Target oder Leckerchen durch den Slalom geführt. Die erste Slalomstange muss immer an der linken Seite des Hundes sein. Üben Sie erst mit drei Slalomstangen. Wenn das gut klappt, kommt nach und nach eine weitere hinzu.

Es ist immer wieder faszinierend zu sehen, in welcher Windeseile manche Hunde durch den Slalom rasen.

Hierbei werden dem Hund natürlich sehr deutliche Hilfen gegeben und es ist oft schwierig, diese endgültig abzubauen. Nichtsdestotrotz gibt es einige Hunde, die den Slalom auf diese Weise recht schnell lernen, und man sollte diese Möglichkeit im Hinterkopf behalten. Die meisten Hunde kommen später jedoch nicht ohne Hilfen aus und lernen nicht so richtig, dass es auf ihre Geschwindigkeit ankommt.

GASSE ▶ Hierbei wird mit den Slalomstangen wie auf dem Foto S. 46 unten ersichtlich eine Gasse gebildet. Die erste, dritte, fünfte, … Stange des Slaloms bilden die linke Seite der Gasse, die zweite, vierte, sechste, … Stange bilden die rechte Seite. Um den Hund an die Gasse zu gewöhnen, bauen Sie sie anfangs ruhig so weit, dass Sie mit ihm hindurchlaufen können. Wenn das gut geht, wird die Gasse so nach und nach enger gestellt und der Hund soll nun alleine durchlaufen. Der Hund sollte jetzt aber noch gut zwischen den Stangen durchpassen. Dabei sollten Sie von Anfang an auf Geschwindigkeit achten. So könnte ein Helfer den Hund festhalten und Sie rufen ihn vom anderen

Jaqueline führt Julie durch den Slalom.

sich der Hund an den neuen Bewegungsablauf gewöhnen. Die meisten Fehler entstehen, weil hier zu schnell vorgegangen wird. Das kann der Hund dann weder vom Kopf her verstehen, noch ist sein Körper in der Lage, diese Bewegungen überhaupt auszuführen. Daher gilt auch hier, dass Sie letztendlich mit Geduld mehr erreichen. Schließlich wollen wir, dass der Hund den Slalom sicher lernt, und nicht, dass es immer ein Lotteriespiel ist, ob er ihn nun schafft oder nicht.

V-SLALOM ▶ Hierbei werden die Stangen schon auf einer Linie aufgestellt, aber in einem anfangs noch recht großen Winkel jeweils nach rechts oder

Ende her ab. Im nächsten Schritt legen Sie ein Spielzeug ans Ende der Gasse und schicken den Hund hindurch. Sie können das Spielzeug auch werfen, wenn Sie zielsicher sind.

Wenn der Hund gut verstanden hat, worauf es ankommt, laufen Sie zunächst an einer Seite, später an der anderen Seite mit ihm. Versuchen Sie ein Maximum an Geschwindigkeit aus dem Hund herauszuholen. Feuern Sie ihn an und loben Sie ihn, was das Zeug hält. Es sollte ihm Spaß machen, durch die Gasse zu fetzen. Das ist auch der Zeitpunkt, wann das Kommando dazukommen kann. So lernt der Hund, wenn das Wort »Slalom« kommt, bedeutet das Spaß haben und rennen dürfen. Wenn das der Fall ist, beginnen Sie, die Stangen noch enger zu setzen, so dass der Hund nicht mehr durchpasst, ohne mit den Seiten die Stangen zu berühren. Dadurch wird erreicht, dass er anfängt zu schlängeln. Gehen Sie dabei zentimeterweise vor. So kann

Hier rast der Großpudel Cherie durch die Gasse.

hinter den Slalom. Durch den – anfangs noch schräg gestellten – Slalom zu laufen, wird so Teil der Belohnung und daher für den Hund immer toller. Leute, die mit ihren Hunden den Slalom auf diese Weise lernen, sind oft erstaunt, dass dieses Hindernis bei den meisten als das schwerste gilt. Bei »Slalom« sollte der Hund an Spaß und Tempo denken. Das Schlängeln ist Übungssache.

Ein Nachteil bei Einüben des Slaloms über den V-Slalom ist, dass der Hund dadurch eine Lauftechnik lernt, die sehr belastend für die jeweiligen Vorderbeine ist, weil immer nur ein Bein den Hund in seinem Lauf abstoppt, und ihn in die neue Richtung wegdrückt.

Tina lässt Bailey's durch den schon recht steil gestellten V-Slalom laufen.

Auf diesem Bild sieht man, wie Bailey's schon anfängt zu schlängeln.

links schräg gestellt. Der Hund soll – anfangs ruhig wieder mit Ihnen zusammen – in der Mitte über die fast bis zur Waagerechten geneigten Stangen laufen. Hat er sich daran gewöhnt, gilt ab dann prinzipiell dasselbe wie in der Gasse. Auch hier kommt es von Anfang an auf Geschwindigkeit an. Die Stangen werden nach und nach immer weiter in die Senkrechte gestellt. Der V-Slalom ist gut dazu geeignet, die Technik des Hundes zu verbessern. Er lernt so, mit einem Minimum an Schritten das Maximum an Geschwindigkeit herauszuholen.

So kann man den Slalom vom Prinzip her z.B. auch gut mit Führen üben, die Geschwindigkeit und die Technik kommen dann mit dem V-Slalom.

Auch hierbei können wir mit dem Klicker wieder eine deutliche Beschleunigung der Ausbildung erreichen. So können Sie den Hund z.B. dann klicken, wenn er auf den Slalom zuläuft. Als Belohnung werfen Sie sein Spielzeug

**ALS VERHALTENSKETTE FREI FOR-
MEN** ▶ Von allen Möglichkeiten ist
das mit Sicherheit die Methode, bei der
sowohl Sie als auch der Hund am meisten lernen. Sie lernen dadurch die Ge-
setzmäßigkeiten des Lernens für Fortgeschrittene und eine Möglichkeit der
Verständigung mit dem Hund, die fan-
tastisch ist. Die Idee für diese Art der
Ausbildung bekamen wir aus Karen
Pryors Buch »Lads bevor the wind«, in
dem sie beschreibt, wie Delfine trainiert werden, im Slalom durch eine
Reihe aneinandergereihte Reifen zu
schwimmen. Wir dachten sofort an den
Slalom im Agility und waren begeistert.

Das ist sozusagen eine Einführung
in die Kunst der Ausbildung.

Aber nun wollen wir Sie nicht länger
auf die Folter spannen, sondern uns in
die Praxis stürzen.

Dann bekommt der Hund ein Klick
und ein Leckerchen, immer, wenn er
durch diese beiden Stangen hindurchläuft. Versuchen Sie das möglichst ohne
Hilfestellung zu erreichen. Wir wollen
nämlich einen Hund haben, der lernt,
mitzudenken, und nicht abwartet, bis
wir ihm etwas zeigen.

2.Schritt:
Wenn der Hund gut durch die beiden
Stangen hindurchläuft, werden die
Anforderungen erhöht. Da der Hund
lernen soll, dass sich die erste Stange
immer an seiner linken Seite befindet,
müssen Sie sich jetzt für eine Richtung
entscheiden.

Vielleicht markieren Sie sich die Stangen, damit Sie sich wirklich festlegen
können und den Hund nicht verwirren.

Jetzt lassen Sie den Hund aus einer
Position heraus starten, die sich immer
mehr vor die erste Stange verschiebt.
Auf der Abbildung sind die Positionen
der Reihe nach nummeriert, in der Sie
abgearbeitet werden sollen.

*Zunächst lernt
Fratz, zwischen den
beiden Stangen
durchzulaufen.*

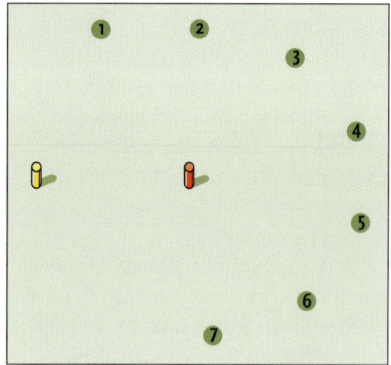

1.Schritt:
Nehmen Sie sich zwei Besenstiele und
stellen Sie diese in einem Abstand von
60 cm auf. Das können Sie entweder
im Garten auf der Wiese machen, indem Sie die Stiele einfach in den Boden
stecken, oder in der Küche, indem Sie
sich etwas einfallen lassen, womit Sie
die Stangen aufstellen können.

Es braucht sehr viel Platz, das hier
zu beschreiben. In der Praxis können
Sie dies jedoch unter Umständen
schon in einer einzigen Übungseinheit
erreichen.

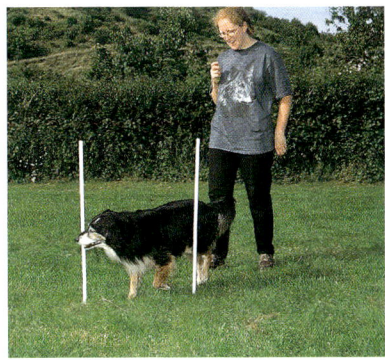

Hier schlängelt
Fratz schon durch
die beiden Stangen.

die der Hund in der gewünschten Art und Weise um die Stangen läuft, geben Sie kurz vorher das Kommando. Um jetzt schon von Anfang an an der Geschwindigkeit zu arbeiten, können Sie nach dem Klick ein Spielzeug in die Laufrichtung werfen und den Hund immer gut anfeuern.

6. Schritt:
In der Überschrift steht »als Verhaltenskette formen«. Eine Verhaltenskette baut man am sinnvollsten von hinten auf. Das heißt: diese beiden Stangen, die Sie bis jetzt trainiert haben, werden die letzten Ihres endgültigen Slaloms sein. Damit sind sie dann auch die Belohnung für die vorhergehenden. In der Praxis sieht das folgendermaßen aus: Es kommt nun das nächste Stangenpaar hinzu und zwar in Laufrichtung vor das erste. Lassen Sie zwischen beiden Paaren zunächst noch einen etwas größeren Abstand (siehe Foto unten).

Sie sagen jetzt wieder gar nichts und warten ab, was der Hund macht. Wahrscheinlich hat er ja jetzt schon eine Idee von dem, was von ihm erwartet

3.Schritt:
Jetzt werden nur noch die Durchläufe durch die Stangen belohnt, bei denen der Hund mit der ersten Stange an seiner linken Seite startet und mit der zweiten an seiner rechten Seite endet (siehe Foto oben).

4. Schritt:
Üben Sie auch das von allen möglichen Ausgangspositionen, bis der Hund diese Übung beherrscht.

5. Schritt:
Jetzt und erst jetzt sind Sie soweit, dass Sie das Kommando »Slalom« einführen können. Bei jeder Gelegenheit,

Dasselbe wird jetzt
mit einem zweiten
Stangenpaar geübt,
das vor das erste
gestellt wird.

wird. Sollte er sich auf Anhieb durch dieses neue Stangenpaar schlängeln, bekommt er als Belohnung das Kommando »Slalom« für das zweite Stangenpaar. Wenn er dort dann richtig einfädelt, gibt es einen Jackpott und Sie können diese Übungseinheit beenden, d.h., Sie sollten sie dann sogar beenden. Wir Menschen neigen nämlich dazu, es in einer solchen Situation noch einmal versuchen zu wollen und dann klappt es vielleicht nicht mehr. Dieser Vorgang arbeitet im Hund weiter und Sie werden über das Ergebnis erstaunt sein in der nächsten Übungseinheit.

7.Schritt:
Die beiden Stangenpaare werden zentimeterweise auf den richtigen Abstand gebracht. Belohnen Sie ganz besonders die schnelleren Durchläufe des Hundes. Wenn der Hund sich durch die vier Stangen schlängelt, kommt das Kommando wieder ganz am Anfang.

8.Schritt:
In gleicher Weise werden nach und nach all die weiteren Stangenpaare hinzugefügt.

Ennys Bleiben auf dem Tisch wird durch große Ablenkung gefestigt.

Wenn Sie dem Hund den Slalom auf diese Art beigebracht haben, können Sie ruhig von sich behaupten, Sie haben ein Meisterstück in Sachen Ausbildung vollbracht. Wenn Sie nicht ganz so geduldig sind, können Sie dem Hund auch die ersten drei bis vier Male den richtigen Weg zeigen. Dann aber sollten Sie diese Hilfe sofort abbauen und den Hund die Arbeit machen lassen, um den größten Nutzen aus dieser Übung zu ziehen.

Übungsziele Slalom
(Variante Gasse)
► Hund läuft mit Mensch durch Gasse
► Hund wird mit Tempo durch Gasse gelockt
► Hund wird durch Gasse geschickt
► Hund läuft mit Tempo durch Gasse, egal an welcher Seite der Mensch läuft
► Hund lernt das Kommando
► Stangen werden nach und nach enger gesetzt
► Hund wird aus unterschiedlichen Anlaufwinkeln in den Slalom geschickt
► Hund wird durch den Slalom abgerufen
► Hund läuft Slalom unter Ablenkung

► Der Tisch
Damit sind wir beim letzten Hindernis angelangt. Der Hund soll auf den Tisch springen, dort fünf Sekunden verharren und darf nach Anweisung des Richters weiterlaufen. Früher konnten auf dem Tisch die Kommandos »Sitz«, »Platz« oder »Steh« gefordert werden. Das ist inzwischen leider abgeschafft. Inzwischen ist es egal, was der Hund auf dem Tisch macht, Hauptsache er bleibt die fünf Sekunden oben.

Mit dieser Grundlage, die beim Erlernen der einzelnen Hindernisse aufgebaut wurde, können Sie sich jetzt den Schwierigkeiten stellen, die ein Parcours mit sich bringt. Bitte wirklich nicht vorher, sonst sind Fehler vorprogrammiert. Das heißt nicht, dass Sie erst mit dem Üben des Parcours anfangen sollen, wenn der Hund alle Hindernisse beherrscht; das heißt aber, dass Sie nur die Hindernisse in den Übungsparcours einbauen, die der Hund schon kann.

Daher fangen wir im nächsten Kapitel mit Hürden an und nach und nach kommen andere Hindernisse dazu.

Sandra dirigiert Bobby mit Hilfe des Targets auf den Tisch.

Wieder gibt es mehrere Möglichkeiten: Sie können den Hund auf den Tisch mit Target, Leckerchen oder Spielzeug locken. Sie können aber auch frei formen, dass der Hund auf den Tisch springt. Der Tisch sollte zu Beginn auf die niedrigste Höhe eingestellt werden. Entscheiden Sie sich, was er da oben machen soll.

Lehren Sie den Hund das Kommando »Tisch« und bringen Sie ihm bei, dass es da oben sehr schön ist. Bei dem »Anforderungsspiel« lernt der Hund, wieder aus allen möglichen Entfernungen zum Tisch zu laufen und darauf zu springen. Außerdem lernt er dabei, auf dem Tisch zu bleiben, egal wo Sie hingehen, bis Sie ihn schließlich abrufen.

Übungsziele Tisch
▶ Hund wird auf Tisch gelockt
▶ Hund lernt das Kommando
▶ Hund wird auf den Tisch geschickt, auch aus unterschiedlichen Entfernungen und Anlaufwinkeln
▶ Hund bleibt auf Tisch auch unter Ablenkung

Der Parcours

▶ Voraussetzungen

Bevor der Parcours geübt wird, sollten Hund und Mensch absolut vertraut mit den einzelnen Hindernissen sein. Bauen Sie daher nie Hindernisse in den Parcours ein, die der Hund noch nicht richtig beherrscht. Richtig beherrschen bedeutet, dass der Hund die Hindernisse aus unterschiedlichen Anlaufwinkeln kann, egal ob Sie rechts oder links von ihm laufen, ob Sie ihn schicken oder ihn abrufen oder ob leichte Ablenkung herrscht. Die richtige Höhe der Hindernisse ist dabei noch nicht von Bedeutung. Das hat Zeit bis ganz zuletzt.

Bei der gesamten Grundausbildung des Hundes sollten Sie sich einige Dinge immer vor Augen halten:

▶ Sie und Ihr Hund sind ein Team! Es geht darum, dass Sie gemeinsam lernen. Helfen Sie deshalb Ihrem vierbeinigen Teamkollegen, damit er möglichst erst gar keine Fehler macht, dann braucht man diese später auch nicht zu korrigieren.

▶ Suchen Sie die Ursache von Fehlern in erster Linie bei sich selbst! Der Hund macht nicht mit Absicht Fehler, weil er Sie ärgern will oder Ähnliches. Hauptsächlich entstehen Fehler unter anderem durch mangelnde Ausbildung und Verständigungsprobleme. Dafür sind Sie verantwortlich.

▶ Verlangen Sie von dem Hund nichts, was Sie ihm nicht zuvor beigebracht haben!

Hat Ihr Hund gelernt, dass er mit »Hopp« über eine Hürde springen soll, heißt das noch lange nicht, dass er das auch in Verbindung mit einer Mauer versteht. Hunde sind schlecht im Generalisieren. Sie verallgemeinern nur sehr langsam. Das gilt auch für Gerätekombinationen. Es ist also Ihre Aufgabe, so viele verschiedene Kombinationen wie möglich zu üben, damit Ihr Hund im-

Mensch und Hund sollten ein Team sein und gemeinsam Freude am Sport haben.

mer mehr Erfahrungen sammeln und
Vertrauen in den Sport entwickeln
kann.
▸   Hören Sie auf Ihren Hund!
Agility hat viel mit Verständigung zu
tun. Dabei geht die Verständigung jedoch nicht nur in der einen Richtung,
dass Sie Signale aussenden und Ihr
Hund diese verstehen soll. Auch Ihr
Hund teilt Ihnen andauernd etwas mit.
Sie sollten sich Mühe geben, so gut es
geht, ihn verstehen zu lernen.
▸   Haben Sie Spaß!
Agility soll Spaß machen, und zwar
dem Hund und Ihnen! Dann haben Sie
einen Hund, der hochmotiviert ist mit-
zumachen. So können Sie auch Topp-
Leistungen erbringen, falls Sie an Turnieren teilnehmen möchten. Falls
nicht, steht ja sowieso der Spaß an
erster Stelle.
    Im Folgenden werden wir stück-
weise verschiedene Schwierigkeiten
mit Ihnen erarbeiten. Wir fangen dabei
sehr leicht an und arbeiten immer wei-

ter in Richtung anspruchsvoller Übungen. Bitte haben Sie die Geduld und arbeiten Sie auch an den vielleicht einfach erscheinenden Grundlagen. Diese
dienen dazu, dem Hund klar zu machen, was wir von ihm wollen, ihm Vertrauen durch Erfolge zu schaffen, Fehler erst gar nicht entstehen zu lassen
und den Hund auch körperlich langsam auf immer schwierigere Anforderungen vorzubereiten. Diese Geduld
wird sich auszahlen. Leute, die da etwas
zu flott vorgehen, werden es irgendwann bereuen. Denn zu schnell schleichen sich Fehler ein und zu schnell
wird der Hund körperlich überfordert.
Das wollen wir nicht. Wir wollen viele
Jahre lang Freude an unserem Hund
und an diesem Sport haben.

▸   **Immer eins nach dem
anderen**
Bei allem, was wir dem Hund beibringen wollen, ist es wichtig, dass
wir die Aufgabe in möglichst kleine

... während er hier die gestellte Aufgabe sicher meistert.

Zwischenschritte unterteilen und immer nur an einem Kriterium gleichzeitig üben. Damit haben wir dann die große Chance, dass auch ein Hund mit seinem Zitronengehirn (wie es Jean Donaldson so schön ausgedrückt hat) verstehen kann, was wir von ihm wollen. Obwohl es anfangs also etwas umständlicher aussieht, kommt man letztendlich viel schneller vorwärts als anders, und es werden die Voraussetzungen für eine gute Verständigung geschaffen.

Im Folgenden werden wir Ihnen dieses Prinzip deutlich machen. Wir können bei weitem nicht alle Möglichkeiten eines Parcoursverlaufes hier aufzeigen, dann müsste das Buch mehr als doppelt so dick sein. Wenn Sie jedoch die Prinzipien verstanden haben, können Sie sie für jede Hinderniskombination anwenden, die Ihnen einfällt. So können Sie dann auch die ausgefallensten Sachen mit dem Hund üben, wie sie normalerweise bei Turnieren nicht

vorkommen. Sie und Ihr Hund gewinnen jedoch immer mehr Sicherheit. Die ersten Übungen sind so aufgebaut, dass Sie sie mit relativ wenig Aufwand auch zu Hause üben können. Denn – wie schon bei den einzelnen Hindernissen erwähnt – ist es sinnvoller, mehrere kurze Übungseinheiten über den Tag und die Woche zu verteilen, als nur samstags für zwei Stunden zu üben.

STANGENSTRECKE ▶ Diese Übung hatten wir seinerzeit in dem Buch »Jumping from A to Z« von Chris Zink und Julie Daniels gefunden, sie ausprobiert und bis heute so beibehalten, weil sie hervorragend den Lernkriterien entspricht. Für diese Übung brauchen wir 8–10 Hindernisstangen. Das können aber auch Besenstiele sein. Legen Sie diese Stangen parallel zueinander in einer Reihe auf den Boden. Die Abstände brauchen nicht immer gleich zu sein, im Gegenteil: Variieren Sie ruhig.

Nun führen Sie den Hund an lockerer Leine darüber. Durch die Vorübungen an den einzelnen Hindernissen, dürfte das kein Problem sein.

Führen Sie den Hund sowohl rechts als auch links. Gehen Sie erst langsamer, dann schneller. Denken Sie daran, den Hund jedes Mal ganz toll zu loben, auch wenn das im Folgenden nicht immer extra erwähnt wird. Variieren Sie von Mal zu Mal die Abstände, z.B. wie auf dem Foto S. 55 zu sehen ist. Wenn Ihr Hund in entspannter Körperhaltung über die Stangen läuft, den Kopf nicht mehr am Boden hat, um genau zu sehen, wo die einzelnen Stangen liegen, und es dennoch schafft, keine Stange zu berühren, dann erst kommt der nächste Schritt. Hierbei werden die Stangen teilweise in unterschiedlichen Winkeln zueinander gelegt, d.h., es brauchen nicht mehr alle parallel zueinander zu liegen. Wieder laufen Sie

mit Ihrem Hund mal auf der linken und mal auf der rechten Seite über diese Stangengerade. Sie sollten jetzt darauf achten, dass der Hund sowohl mit der rechten als auch mit der linken Pfote mal zuerst über einzelne Stangen läuft. Bei Pferden nennt man das linke und rechte Hand. Jeder Hund hat seine Schokoladenseite, wie auch Menschen meist ein bestimmtes Sprungbein haben. Der Hund soll aber bereits in diesem Stadium lernen, auch seine nicht so gewohnte Seite zum Springen zu benutzen. Wenn auch das wieder gut klappt, kommt der nächste Schritt. Als nächstes Kriterium arbeiten wir an der Höhe. Dafür wird nun zunächst ein anderes Kriterium, nämlich die winkeligen Stangen, noch einmal gelockert, d.h., die Stangen sollten wieder alle parallel liegen. Für diesen nächsten Schritt nehmen wir in unserer Hundeschule gerne die im vorherigen Kapitel schon

Sonja und Fussel über den Variohindernissen

vorgestellten Variohindernisse, die man so leicht in vier verschiedene Höhen verstellen kann. Natürlich können Sie aber auch ganz normale Hindernisse verwenden, die nur keine seitlichen Ausleger haben sollten. Sie zu Hause können alles Mögliche verwenden, um die Stangen höher zu legen, angefangen bei A wie Abfalleimer bis Z wie Ziegelsteine.

So machen Sie sich also jetzt aus der Stangengeraden eine Hindernisstrecke mit unterschiedlich hohen Hindernissen. Bei großen Hunden sollten 30 cm nicht überschritten werden, bei kleinen Hunden 15 cm. Die Stangen sollten unterschiedlich hoch liegen (auch hierbei können noch welche direkt auf dem Boden liegen), damit die Hunde von Anfang an lernen mitzudenken. Wir wollen nicht, dass das Springen etwas Automatisches wird. Die Grundlagen dafür werden schon hier bei diesen scheinbar so einfachen Übungen gelegt.

Laufen Sie wieder mit Ihrem Hund an der Leine über diese Strecke, bis er völlig sicher ist. Laufen Sie wieder sowohl an seiner rechten als auch an seiner linken Seite. Achten Sie auf seine Körpersprache! Sollte Ihr Hund zögern oder gar an den Hindernissen vorbeilaufen wollen, gehen Sie noch einmal einige Stufen in der Ausbildung zurück. Gehen Sie »zurück in den Kindergarten«, wie Karen Pryor es so schön nannte.

Sie könnten z.B. die Stangen noch einmal flacher legen, nur einen Teil der Strecke abarbeiten, den Abstand der Stangen etwas vereinfachen, usw. Achten Sie deshalb immer genau auf Ihren Hund. Wir bestimmen den Weg in der Ausbildung. Das Tempo bestimmt der Hund!

Als nächsten Schritt bauen Sie wieder Winkel in die Strecke ein, wie wir es zuvor mit den Stangen am Boden auch gemacht hatten. Kommt Ihr Hund damit klar? Merken Sie, wie er sich den besten Absprung sucht? Sie glauben gar nicht, wie viel Ihr Hund von dieser grundlegenden Übung lernt!

Als nächstes Kriterium führen wir etwas mehr Geschwindigkeit ein. Das vorhergehende Kriterium wird wieder vereinfacht, das heißt die Stangen sollten wieder parallel zueinander sein. Zuerst lassen Sie den Hund jetzt ohne Leine neben Ihnen herlaufen. Wenn Sie die Übung bis jetzt schön langsam aufgebaut haben und den Hund immer gut gelobt haben, dürfte das kein Problem sein. Eigentlich sollte er jetzt nämlich schon richtig Spaß an der Übung haben. Wenn nicht, sind Sie vielleicht zu schnell vorgegangen oder es ist Zeit, die Übungseinheit zu beenden.

Sonja ruft Fussel über die Hindernisstrecke ab.

Auf einem Video-film können sie schön die Sprung-technik des Hundes studieren.

Denken Sie daran, dass Sie das mit einem Erfolgserlebnis für den Hund machen.

In der nächsten Übungseinheit beginnen Sie wieder einige Schritte vorher und arbeiten sich wieder bis hierhin vor. Nun geht es also um die Geschwindigkeit. Dazu laufen Sie richtig schnell neben Ihrem Hund und feuern ihn kräftig an. Nach dem letzten Hindernis können Sie ihm sein Spielzeug werfen. Wenn Sie schön gerade werfen können, können Sie beim nächsten Mal das Spielzeug auch schon vorher werfen, wenn Sie vielleicht erst in der Mitte der Strecke sind. Der Hund sollte dabei allerdings nicht die Hindernisstrecke verlassen!

Als Nächstes lassen Sie den Hund vor der Strecke warten, laufen selbst über die Hindernisse und rufen ihn dann ab. Wenn er das »Bleib« noch nicht beherrscht, bitten Sie einen Helfer, ihn zu halten. Feuern Sie ihn schön beim Laufen an. Eventuell können Sie zusätzlich auch noch rückwärts laufen, um ihn noch mehr anzuspornen oder mit seinem Spielzeug winken. Auch wenn Ihnen der Hund zu diesem Zeitpunkt noch etwas langsam vorkommt, wichtig ist, dass es ihm Spaß macht.

Lassen Sie vielleicht einen oder am besten mehrere solcher Läufe auch einmal von der Seite filmen und sehen Sie sich später das Video genau an. Läuft Ihr Hund sicher oder zögert er noch? Springt er immer mit demselben Fuß ab oder wechselt er auch mal, je nachdem, wie die Hindernisse stehen? Sehen Sie wirklich motivierend für den Hund aus oder bremsen Sie ihn eher? Vielleicht versuchen Sie beim nächsten Mal, den Hund nicht anzusehen, sondern mit dem Rücken zu ihm wegzulaufen. Ein Blick kann sehr bremsend für die Hunde sein. Lernen Sie deshalb, Ihren Blick bewusst einzusetzen.

Beobachten Sie auf dem Video, ob Ihr Hund seine Sprunghöhe den Hindernissen anpasst. Das wird zwar jetzt noch nicht so deutlich sichtbar sein, aber Sie müssen ja auch erst einmal lernen, einen solchen Film zu beurteilen. Das kann Ihnen später eine große Hilfe sein. Wenn mal eine Stange fällt, versucht er dann beim nächsten Mal eine andere Strategie?

Am wichtigsten ist in diesem Ausbildungsstadium aber noch, dass der Hund wirklich Spaß hat. Erkennen Sie das auf dem Video?

Kann er es gar nicht abwarten, bis er

an der Reihe ist, oder wirkt er eher gelangweilt?

Der nächste Schritt in der Ausbildung beinhaltet, dass Sie Ablenkungen einbauen. Sie können z.B. jetzt auch mal ein oder mehrere Hindernisse mit Auslegern in die Strecke einbauen. Die Sprunghöhe wird aber immer noch nicht erhöht. Sie können auch mal einen Stuhl oder einen anderen Gegenstand an den Rand der Strecke legen. Auch andere Leute können für Ablenkung sorgen oder andere Hunde. Ihre Aufgabe ist es, die Ablenkung nur so stark zu wählen, dass Ihr Hund noch erfolgreich seine Aufgabe erledigen kann. Lässt er sich wirklich einmal ablenken, schimpfen Sie nicht mit ihm, sagen Sie auch nicht »Nein«, sondern beginnen kommentarlos noch einmal von vorne, diesmal aber wieder deutlich leichter. Sie sollten mit der Zeit ein Gefühl dafür bekommen, was Sie Ihrem Hund zumuten können. Natürlich kann man sich immer mal verschätzen. Aber das ist dann Ihr Fehler und nicht der des Hundes und es sollte wirklich die Ausnahme bleiben! Schließlich wollen wir dem Hund erst gar keine Fehler beibringen, damit wir sie später nicht korrigieren müssen.

Als nächster Übungsschritt wird die Stangenstrecke im Kreis aufgebaut. Auch hierbei kann der Hund wieder eine ganze Menge lernen. Diesmal läuft er die Hindernisse in mehr oder weniger gebogener Körperhaltung. Beginnen Sie auch diese Übung zunächst wieder an der Leine. Laufen Sie mal mit – und mal gegen den Uhrzeigersinn. Laufen Sie mal ziemlich außen und mal ziemlich innen über die Hindernisse. Variieren Sie auch hierbei die Abstände zwischen den Sprüngen. Erst wenn Ihr Hund hierbei wirklich sicher ist, lassen Sie ihn ohne Leine laufen. Wo sucht er sich seinen Sprung? Eher innen oder eher außen? Lässt er sich irritieren, wenn Sie in der Mitte stehen bleiben und sich nur mitdrehen? Läuft er beide Richtungen gleich sicher?

Dann können Sie als Nächstes den Durchmesser des Kreises erhöhen bis ca. zehn Meter. Jetzt kann der Hund schon eine schöne Strecke rennen, so dass er auch galoppieren kann. Lassen Sie ihn in beide Richtungen laufen. Jetzt sollte es jeweils der innere Fuß sein, der zuerst über die Stangen geht, also der Fuß, der Ihnen am nächsten ist. Versuchen Sie, einen Blick dafür zu bekommen. Wenn der Hund »auf dem falschen Fuß« läuft, stoppen Sie ihn und lassen ihn wieder neu loslaufen. Normalerweise sollte er das jedoch schnell verstehen.

Jetzt ist Ihr Hund also mit unterschiedlichen Sprüngen vertraut. Die Höhe kommt später. Erst müssen noch einige Grundlagen gelegt werden. Als Nächstes bauen Sie zunächst in der Geraden einige andere Hindernisse ein, wie den Reifen, das Viadukt oder die Mauer. Auch den Tisch kann man hier schon gut verwenden. So wird der Hund in ganz kleinen Schritten an immer wieder neue Aufgaben herangeführt. Da das immer aus etwas schon Bekanntem geschieht, wird es unwahrscheinlich, dass der Hund überhaupt Fehler macht. Und das ist uns sehr wichtig. Besser ist es, man lässt erst gar keine Fehler entstehen, als dass man sie später korrigieren muss.

Ist Ihr Hund in der Ausbildung schon weiter fortgeschritten, ist gerade auch die Übung mit der Hindernisstrecke immer wieder ein sehr gutes

Hier begleitet Jutta
Timmy noch recht
nah im Kreis. Mit
der Zeit sollte sie
immer weiter weg
bleiben können.

Training. Dann können Sie die Hindernisse bis auf die geforderte Höhe legen, manche auch eine Idee höher, aber auch viele niedriger. Durch diese Übung werden die Sprungtechnik, die Konzentration und auch die Sprungkraft gefördert.

Übungsziele Stangenstrecke

▶ Der Hund wird an der Leine über parallel am Boden liegende Stangen geführt
▶ Der Hund wird über winkelig gelegte Stangen geführt, mal rechts, mal links
▶ Schritt 1 und Schritt 2 mit leicht erhöhten Stangen
▶ Der Hund läuft mit Tempo über die Hindernisstrecke
▶ Der Hund lässt sich abrufen
▶ Ablenkung einbauen
▶ Hindernisstrecke im Kreis
▶ Abstand zum Hund mal näher, mal weiter

▶ **Verständigung ist wichtig**

Bis jetzt ging es »nur« darum, dass der Hund mit den einzelnen Hindernissen vertraut gemacht wird und dass Sie ein Gefühl für die Springeigenschaften Ihres Hundes bekommen. Ist das erreicht – und bitte wirklich erst dann –, müssen wir uns so langsam damit auseinandersetzen, wie wir den Hund durch einen Parcours dirigieren können. Wir müssen lernen, wie wir dem Hund klar machen können, welches der vielen Hindernisse das nächste ist, das er springen soll. Der Hund muss vielleicht einige Kommandos in diesem Zusammenhang neu dazu lernen, sofern er sie nicht schon von seiner Grundausbildung her kann. Und auch Sie müssen dazulernen. Deshalb sollten die Grundlagen jetzt »sitzen«, damit Sie sich beide auf das Neue konzentrieren können. Gehen Sie in der Ausbildung wirklich erst dann weiter, wenn bis hierhin alles gut klappt.

DER START ▶ Fangen wir ganz am Anfang an, nämlich beim Start. Normalerweise ist der Start durch zwei Stangen markiert oder beim Üben oft nur durch ein Hindernis.

Da Hunde im Allgemeinen viel schneller laufen können als wir Menschen, ist es oft ganz sinnvoll, den Hund vor dem Start warten zu lassen, bis man selbst die beste Position gefunden hat und den Hund von da aus abrufen kann. Der Hund sollte von seiner Grundausbildung schon das »Sitz-Bleib« kennen. Sie haben aber schon gelernt, dass Hunde nur sehr schlecht verallgemeinern. Es ist also etwas ganz anderes, ob der Hund vor einem Hindernis warten soll oder an einer anderen Stelle. Also werden wir es in dieser Situation noch einmal im Speziellen üben. Sie kennen inzwischen die Prinzipien: Wir fangen ganz einfach an, arbeiten uns schrittweise hin zu immer Schwererem und versuchen die Übung so zu gestalten, dass der Hund erst gar keine Fehler macht, dann brauchen wir sie später auch nicht zu korrigieren. Es macht also nicht viel Sinn, den Hund abzusetzen, bis zum übernächsten Hindernis zu gehen und den Hund schimpfend wieder zurückzubringen, wenn er uns inzwischen gefolgt ist. Das Problem ist nämlich, dass der Hund, dadurch, dass er vielleicht schon ein Hindernis gesprungen ist, für seinen Ungehorsam belohnt wurde. Das Schimpfen kommt viel zu spät. Und selbst wenn es im richtigen Moment kommt, nämlich genau dann, wenn er gerade aufgestanden ist, »verrechnet« der Hund, was mehr Wert ist, die Belohnung des Sprunges oder das Schimpfen. Wenn Sie die Übungen – wie bisher beschrieben – aufgebaut ha-

Der Helfer am Start sorgt dafür, dass der Hund wirklich erst auf Signal losläuft.

ben, wird Ihrem Hund das Springen sehr viel Spaß machen. Das heißt also, dass Sie schon sehr energisch schimpfen müssten, um dagegen anzukommen. Und das wollen wir auch im Sinne einer guten Partnerschaft nicht.

Es ist aber auch gar nicht nötig. Selbst sehr springfreudige Hunde lernen sehr schnell, am Start zu warten, wenn Sie die Übung richtig aufbauen.

Hierfür arbeiten Sie am besten wieder mit einem Helfer.

Setzen Sie den Hund ca. 2 Meter vor dem Hindernis ab und stellen Sie sich vor dieses. Dann rufen Sie ihn ab. Hier können Sie ihn nämlich noch daran hindern zu springen, falls er ohne Aufforderung folgen sollte. Aber dafür haben Sie ja auch den Helfer, der das verhindern soll. Für diese Übung sollte der Hund also noch ein Halsband tragen und eventuell eine kurze Führleine, mit der er aber auch springen kann.

Als nächsten Schritt gehen Sie hinter das Hindernis. Wenn der Hund schön bis zum Abrufen sitzen bleibt, wird er mit dem Markersignal bestätigt und darf zur Belohnung springen.

Hier kann Lisa schon weit in den Parcours gehen und Darja bleibt schön sitzen.

chen Sie Kopfstand oder was auch immer Ihnen einfällt. Wenn der Hund gelernt hat, dass er erst mit »Los« losdarf, hat das einen entscheidenden Vorteil im Turnier. Die meisten Menschen sind in einer solchen Situation ja doch ziemlich aufgeregt. Dann achtet man nicht mehr so genau auf die Körpersignale, die man dem Hund gibt. Vielleicht ist dann eine Bewegung dabei, die dem sonstigen Startsignal zumindest ähnelt. Der Hund schießt los. Auch auf ihn überträgt sich natürlich die Nervosität. Die Zeit läuft und man kann nicht mehr korrigieren. So lernt der Hund, dass er zumindest auf einem Turnier nach mehr oder weniger eigenem Ermessen starten kann. Das wollen wir nicht. Und ein zuverlässiges »Bleib« am Start lässt einen schon mit viel mehr Ruhe ins Turnier gehen.

Variieren Sie hierbei die Entfernungen, indem Sie sich in den Parcours hineinbewegen. Variieren heißt, dass Sie die Anforderungen nicht kontinuierlich steigern sollten, sondern nur im Durchschnitt. Selbst wenn der Hund schon warten kann, bis Sie hinter das zweite Hindernis gehen, sollten Sie zwischendurch auch nur wieder bis vor das erste gehen. Damit weiß der Hund nämlich nie, wie lange er warten soll, und das Warten fällt ihm so viel leichter.

Sie können auch ein Hindernis hinter dem Hund aufbauen und ihn von Zeit zu Zeit darüber schicken, anstatt ihn zu sich zu rufen. Auch das fördert es, dass der Hund erst einmal Ihr Kommando abwartet.

Wir empfehlen Ihnen, den Hund wirklich erst mit einem Wortkommando starten zu lassen. Das könnte z.B. das Kommando für das erste Hindernis sein oder einfach ein »Los«. Trainieren Sie, dass Sie sich egal wie bewegen können, erst das Wortkommando ist das Startsignal. Hüpfen Sie also auch ruhig mal wie ein Hampelmann oder ma-

Übungsziele Start

▶ Sitz-, Platz- oder Steh-Bleib zunächst unabhängig von den Hindernissen üben

▶ Der Hund bleibt (mit Helfer) zwei Meter vor dem Start, während Sie bis vor das erste Hindernis gehen.

▶ Sie variieren die Entfernung

▶ Dasselbe ohne Helfer

▶ Der Hund lernt das Kommando

▶ Ablenkungen werden eingebaut

VORAUSSCHICKEN ▶ Diese Übung fangen wir wieder mit unserer altbewährten Geraden an. Diesmal braucht sie aber nicht nur aus Hürden zu bestehen, sondern kann auch schon andere Hindernisse enthalten, sofern Ihr Hund sie schon ohne Hilfe beherrscht. Als letztes Hindernis in der Geraden wählen Sie eines, das der Hund sehr mag. Das kann z.B. der Tunnel sein oder auch der Tisch, der mit Spielzeug oder Leckerchen noch »aufgewertet« wird. Lassen Sie den Hund nun zuerst einfach auf den Tisch springen und belohnen Sie ihn. Dann lassen Sie ihn das Hindernis zuvor auch noch springen und belohnen ihn wieder, wenn er auf dem Tisch ist. So arbeiten Sie sich schrittweise vor, bis Sie am Anfang der Geraden stehen und den Hund mit Kommando »Voraus« und evtl. dem ausgestreckten Arm über die Gerade schicken können.

Sollten Sie sich nicht hundertprozentig sicher sein, dass Ihr Hund ohne an einem Hindernis vorbeizulaufen zum Tisch läuft, sollten Sie unbedingt einen Helfer am Tisch postieren, der im Falle eines Falles die Belohnung verschwinden lässt, damit Ihr Hund nicht unbeabsichtigt für einen Fehler belohnt wird. Aber auch hier gilt wieder: Gehen Sie bei dieser Übung lieber so langsam vor, dass erst gar keine Fehler entstehen.

Bauen Sie in diese Voraus-Übung auch öfter mal ein Abrufen ein, dass Sie den Hund also am Beginn der Geraden warten lassen, selbst bis zum Tisch gehen und ihn von dort abrufen. Auf diese Weise können Sie besser am Tempo arbeiten.

Wenn der Hund beides gut kann, schicken Sie ihn voraus auf den Tisch, lassen ihn fünf Sekunden warten und rufen ihn von da wieder über die Gerade zurück. Wenn Sie den Tunnel als letztes Hindernis gewählt haben, können Sie ihn u-förmig aufbauen, so dass der Hund automatisch wieder in Ihre Richtung läuft.

Welchen Eingang der Hund im Tunnel wählt, bleibt in diesem Fall ihm überlassen. Wenn Sie in Ihrer Ausbildung erst einmal weiter fortgeschritten sind, können Sie auch versuchen, ihn von hinten in den richtigen Eingang zu dirigieren, z.B. mit dem Rechts- oder Links-Kommando. Aber das kommt später.

Variieren Sie die Hindernisse, so dass der Hund lernt, dass »Voraus« nicht unbedingt heißt, er soll bis zum Tisch springen, sondern er soll in gerader Linie von Ihnen wegspringen, bis er ein anderes Kommando bekommt.

Tina schickt Bailey's voraus auf den Tisch, wo für alle Fälle ein Helfer postiert ist.

Übungsziele Vorausschicken

▸ Hund springt auf den Tisch aus unterschiedlicher Entfernung
▸ Der Hund wird über eine Hürde zum Tisch geschickt
▸ Das Kommando wird eingeführt
▸ Der Hund wird über unterschiedlich viele Hindernisse zum Tisch geschickt
▸ Er wird zum Tisch geschickt und anschließend wieder über die Hindernisse abgerufen
▸ Der Tisch wird durch einen Tunnel ersetzt
▸ Bauen Sie alle möglichen Hindernisse in diese Kombination ein

ABRUFEN VON EINEM HINDERNIS

▸ Hierfür brauchen wir zunächst wieder die dem Hund schon gut bekannte Stangen- bzw. Hindernisstrecke. Nehmen wir an, Sie haben sechs Hindernisse in einer Reihe ungefähr in einem Abstand von durchschnittlich 3–5 Metern. Laufen Sie wie gehabt mit dem Hund zunächst an der linken Seite über die Strecke und rufen Sie ihn nach dem dritten Hindernis zu sich her. Er soll also nicht den vierten Sprung nehmen, sondern zu Ihnen kommen. Beim ersten Mal sollten Sie den Hund dafür an die Leine nehmen. Die Leine dient zwar ganz und gar nicht dazu, den Hund nach dem dritten Sprung zu sich zu ziehen. Das sollten Sie unter allen Umständen vermeiden. Aber mit der Leine können Sie dafür sorgen, dass der Hund bei dieser Übung Erfolg hat. Hier empfiehlt sich die Anwendung des Klickers genau in dem Moment, in dem sich der Hund nach dem Rufen zu Ihnen orientiert. Klick und Jackpot! Und über diesen Jackpot sollten Sie sich vorher einige Gedanken machen. Denn das sollte schon etwas ganz Besonderes sein! Schließlich müssen Sie mit der Belohnung gegen die Freude des Weiterspringens konkurrieren. Je nach Hund wird dieser Jackpot unterschiedlich ausfallen. Für den einen ist das eine Hand voll besonders guter Leckerchen,

Tina ruft Bailey's nach dem zweiten Hindernis ab. Man sieht schön, wie sich der Hund nach Frauchen orientiert.

für den anderen ein schönes Zerrspiel oder ein Ball, der geworfen wird, und für den nächsten ist es die Möglichkeit, ein anderes Hindernis zu nehmen, das Sie im rechten Winkel zur Stangenstrecke aufbauen können. Das kann eine Hürde sein oder z.B. der Tunnel, den die meisten Hunde sehr gerne durchlaufen. Verwenden Sie diese Art der Belohnung aber nur für Hunde, für die es wirklich nichts Schöneres gibt als Springen bzw. durch die Röhre laufen. Dasselbe üben Sie mit dem Hund auf der rechten Seite. Üben Sie dann, den Hund nach immer anderen Hindernissen abzurufen. Denken Sie in diesem Ausbildungsstadium noch daran, den Hund jedes Mal zu belohnen! Versuchen Sie diese Übung erst dann ohne Leine, wenn Sie sich ziemlich sicher sind, dass Ihr Hund das Rufkommando befolgt. Das kann bei dem einen Hund schon beim zweiten Mal der Fall sein, bei dem anderen erst nach etlichen Wiederholungen.

Nun geht es ans Verallgemeinern. Üben Sie das Abrufen in allen möglichen Hinderniskombinationen. Ihre Aufgabe ist es, die Anforderungen dabei nur so langsam zu steigern, dass der Hund auch erfolgreich bleiben kann. So ist es für die meisten Hunde einfacher, sich zwischen zwei Sprüngen rufen zu lassen, als wenn nach einem Sprung der Tunnel steht. Auch die Abstände der Hindernisse spielen eine Rolle. Je weiter das nächste Hindernis weg ist, desto einfacher. Und die Geschwindigkeit ist natürlich wichtig. Je schneller der Hund ist, desto schwieriger wird es sein, ihn abzurufen.

Experimentieren Sie das einige Male in der Stangenstrecke. Sie werden mit der Zeit ein Gefühl dafür bekommen, wann Sie den Hund rufen müssen. Auch Sie müssen hier wieder Ihr Timing üben. Optimal ist es, wenn Sie den Hund genau dann abrufen, wenn er sich in der Luft über dem Hindernis befindet. Ist er nämlich schon gelandet, kann es zu spät sein. Ist er noch nicht abgesprungen, ist es meistens zu früh und Sie irritieren ihn im Sprung.

Vielleicht müssen Sie anfangs den Hund schon nach dem ersten Hindernis rufen, damit er nach dem dritten folgt. Das ist für den Anfang in Ordnung. Mit wachsendem Können und immer besser werdender Verständigung können Sie immer genauer abrufen. Diese Übung dient also wieder hervorragend, Ihr Timing und auch den Gehorsam des Hundes zu schulen.

Sie sollten sich bei dieser Übung einige Gedanken über das Kommando machen, das Sie verwenden wollen. »Hier«, oder was immer Ihr Rufkommando ist, heißt ja normalerweise, dass der Hund bis zu Ihnen kommen soll. In diesem Fall soll er aber nur in Ihre Richtung kommen, um dann seinen Weg irgendwie fortzusetzen. Daher empfiehlt es sich, hierfür ein eigenes Kommando zu nehmen. Oft hört man in dieser Situation auch ein »Fuß«, aber auch dafür gilt, dass das ja eigentlich etwas anderes heißt, wenn man es genau nimmt. Und schon allein um der Verständigung mit dem Hund willen, sollte man es genau nehmen, sonst wird der Hund nur unnötig verwirrt.

Übungsziele Abrufen

▶ Der Hund wird an der Leine nach einem bestimmten Hindernis in der Hindernisstrecke abgerufen

▶ Das Abrufen wird in beiden Richtungen geübt

▶ Dasselbe ohne Leine trainieren
▶ Die Hindernisse, nach denen
  der Hund abgerufen wird, werden
  variiert
▶ Der Hund wird aus unterschiedlichen Hinderniskombinationen
  abgerufen, z.B.
▶ zwischen Hürde und Laufsteg
▶ zwischen Hürde und Tunnel
▶ zwischen Weitsprung und Hürde
▶ zwischen Tunnel und Slalom usw.

DER LEITERPARCOURS ▶ Wenn das Abrufen aus der Stangengerade gut klappt, kommt als nächstes unser erster einfacher Parcours. Nehmen Sie dafür bitte nur solche Hindernisse, die der Hund schon gut beherrscht.

Da wir wieder auf dem für den Hund schon Bekannten aufbauen wollen, hat unser Parcours eine ganze bestimmte Form, nämlich die einer Leiter. Er besteht also aus zwei Geraden, die an zwei bis vier Stellen durch eine »Sprosse« verbunden sind. Sie können alle Hindernisse in diesen Leiterparcours einbauen, die Ihr Hund schon beherrscht oder die Sie – falls Sie zu Hause üben – zur Verfügung haben. Die Hindernisse, die Ihr Hund noch nicht beherrscht, wie in Kapitel 2 beschrieben, üben Sie besser außerhalb des Parcours.

Unseren Leiterparcours beginnen Sie an einer Geraden, rufen den Hund an einer bestimmten Stelle ab, was er ja alles schon kennt, nehmen als Nächstes ein Hindernis, rufen ihn dann wieder ab auf die nächste Gerade. Sie laufen also immer in U-Form und immer innen, können aber je nach »Sprosse«, die Sie wählen oder ob Sie oben oder unten in der »Leiter« anfangen, eine ganze Menge verschiedener Möglichkeiten laufen.

Diesen Leiterparcours können Sie dann so nach und nach abwandeln, indem Sie die einzelnen Hindernisse in unterschiedlichen Winkeln aufstellen, so dass man schließlich von der Leiter nichts mehr erkennt. Sie sollten aber immer noch darauf achten, dass Sie nur diese U-Form laufen und immer an der Innenseite des Hundes. Womit Sie in diesem Stadium experimentieren können, ist Ihre Entfernung zum Hund. Theoretisch ist hierbei ja alles möglich, von Mitlaufen mit dem Hund bis dahin, dass Sie im Mittelpunkt stehen bleiben und den Hund alleine schicken, ähnlich wie bei der Übung im Stangenkreis (S. 59). Experimentieren Sie also mit Ihren Abständen zum Hund und finden Sie den optimalen Arbeitsabstand heraus. Variieren Sie die Abstände aber auch immer mal wieder, um den Hund immer mehr Erfahrungen sammeln zu lassen.

So hat nämlich jeder Hund seinen optimalen Arbeitsabstand, d.h., der eine will seinen Menschen nahe bei sich haben und der andere läuft lieber in größerem Abstand. Allerdings sollte auch jeder Hund mit unterschiedlichen Abständen vertraut sein, denn den optimalen Arbeitsabstand kann man im Parcours eben nicht immer einnehmen.

Übungsziele Leiterparcours

▶ Der Hund läuft einen aus Hürden bestehenden Leiterparcours fehlerfrei in beiden Richtungen
▶ Nach und nach werden alle möglichen anderen Hindernisse in den Parcours eingebaut
▶ Sie variieren die Entfernung zum Hund, damit er schließlich sowohl nah von Ihnen laufen kann als auch weiter weg

RICHTUNGSANGABEN ▶ Bis jetzt haben wir in unserem einfachen Parcours auf der Abruf-Übung aufgebaut, um den Hund hindurchzudirigieren. Bis hierhin war Ihre Körpersprache noch von untergeordneter Bedeutung. Das werden wir jetzt ändern, wir arbeiten nun an den Feinheiten der Verständigung. Zum einen können wir dem Hund die Richtungsangaben mit Wortkommandos beibringen, wie »Rechts«, »Links« und »Voraus«, zum anderen können wir den Hund hervorragend mit unserer Körpersprache dirigieren, was für den Hund ja sozusagen seine Muttersprache darstellt, weil die Körpersprache eben eine der Hauptverständigungsmöglichkeiten unter Hunden ist.

Fangen wir zunächst mit dem für den Hund Einfacheren an, nämlich der Verständigung über die Körpersprache. Es gibt einiges, was wir als Menschen beachten müssen. Als Erstes ist in diesem Zusammenhang wichtig, dass Hunde keine Arme haben, mit denen sie etwas zeigen. Von daher versteht der Hund diese Geste nicht, wenn wir sie ihm nicht zuvor beigebracht haben. Was er aber als Richtungsangaben auch ohne spezielles Üben versteht, ist zum einen der Blick, zum anderen die Stellung unseres Oberkörpers. Im Zweifelsfall ist es das, worauf sich der Hund verlässt. Wenn man sich das klarmacht, kann man viele Fehler vermeiden. Diesen Fehler sieht man nämlich all zu oft: Der Mensch zeigt mit dem Arm in eine Richtung, sein Oberkörper zeigt aber in eine andere und der Hund springt das falsche Hindernis, weil er auf den Oberkörper »hört«.

Mit einer kleinen Übung, unserem Alle-Neune-Spiel, wollen wir Ihnen das

Bailey's folgt der Sprache, die sie versteht. Tinas Schultern dirigieren sie zu dem von uns aus rechten Hindernis. Den weisenden Arm wird sie nicht wahrnehmen.

deutlich machen. Stellen Sie drei Hindernisse auf, wie auf dem Foto der nächsten Seite zu sehen. Der Abstand der beiden Reihen sollte für den Anfang nicht zu eng sein, also ca. 5 bis 6 Meter. Setzen Sie Ihren Hund nun einige Meter vor den Hindernissen ab und gehen Sie hinter die Hindernisse. Nun ist es Ihre Aufgabe, den Hund zu sich zu rufen und während er kommt, sollen Sie ihn allein mit Ihrem Oberkörper über die unterschiedlichen Hindernisse dirigieren. Halten Sie dazu Ihren Hände am besten hinter dem Rücken verschränkt. Anfangs dürfen Sie noch deutlich hin- und herlaufen, um dem Hund die Übung zu vereinfachen. Versuchen Sie das aber immer weiter einzuschränken, bis Sie schließlich nur noch mit Blick und Oberkörper den richtigen Weg zeigen. Diese Übung ist für uns Menschen normalerweise schwerer als für die Hunde. Sie können damit jedoch gut lernen, worauf es bei der Verständigung ankommt, dass Sie sich also viel mehr auf Ihren Blick und Ihren Oberkörper konzentrieren müssen als auf Ihre Hände. Dieses Spiel

Beate dirigiert Girlie
nur mit Blick und
Schultern.

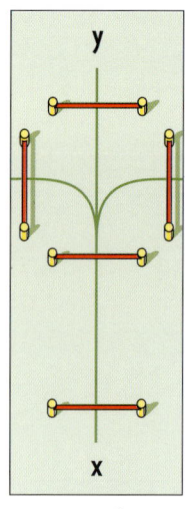

Parcoursaufbau
zum Trainieren der
Richtungsangaben.

heißt deswegen Alle-Neune-Spiel, weil
am Ende neun Hindernisse in dieser
Art und Weise aufgebaut werden.
Auf Seite 79 finden Sie die genauere
Beschreibung.

Dem Hund wirklich Richtungsangaben mit Wörtern beizubringen, ist
schon etwas schwieriger. Sie sollten sich
diese Aufgabe jedoch nur stellen, wenn
Sie selbst sicher mit den Richtungsangaben sind. Wenn Sie Schwierigkeiten
haben, rechts von links zu unterscheiden, sollten Sie sich diese Übung ersparen. Sie kommen auch ohne aus.

Auf der anderen Seite ist es aber
auch eine schöne Herausforderung,
das dem Hund beizubringen, und es
kann einem später im Parcours eine
gute Hilfe sein.

Es gibt verschiedene Möglichkeiten,
dem Hund die Richtungsangaben
beizubringen. Wenn Sie einen Hund
haben, der ganz verrückt aufs Bällchenspielen ist, können Sie das hier gut
nutzen.

Sie werfen dem Hund immer wieder
den Ball schön gerade, und während er
losläuft, geben Sie das Kommando
»Voraus«, das er ja schon kennt, wenn
Sie die Übungen in der hier beschriebenen Reihenfolge geübt haben. Zwischendurch werfen Sie den Ball aber
ganz deutlich nach rechts. Kündigen
Sie das mit dem Kommando »Rechts«
an. Achten Sie dabei darauf, dass es
wirklich nur das Kommando ist, das
die Richtung ankündigt, nicht etwa
auch Ihre Körperhaltung.

Der Hund möchte ja möglichst
schnell zum Ball kommen und das
möglichst auch, ohne große Umwege
zu laufen. Daher wird er mit der Zeit
diesen Hinweis auf die Richtung nutzen. Anfangs sollten Sie von ca. 5 mal
werfen einmal nach rechts werfen. Variieren Sie diesen Vorgang. Sonst lernt
Ihr Hund mitzuzählen und er wird
wahrscheinlich nicht auf das Kommando hören. Es darf wirklich nur das
Kommando sein, das ankündigt, dass

der Ball jetzt nach rechts fliegt. Üben Sie das so lange, bis der Hund ziemlich sicher darauf reagiert. Erst jetzt sollten Sie das zweite Kommando einführen. Machen Sie nun die Übung entsprechend dem oben beschriebenen, nur eben mit »Links«. Wenn der Hund auch das sicher beherrscht, können Sie rechts und links auch abwechseln. Sollte der Hund dabei noch zu viele Fehler machen, sind Sie zu schnell vorgegangen und sollten die Grundlagen gründlicher trainieren.

Wenn der Hund die Übung jedoch sicher beherrscht, können Sie diese Richtungsangabe im Parcours testen. Dazu bauen Sie sich die Hürden wie in der Zeichnung dargestellt. Von X schicken Sie den Hund voraus über die Hindernisse und geben dann eins von den Kommandos »voraus«, »rechts« oder »links«. Auch hier können Sie den Hund mit Bällchen bestärken, wenn er die richtige Wahl trifft.

Dasselbe können Sie dann auch beim Abrufen üben, wobei Sie bei Y stehen, der Hund bei X startet. Bedenken Sie jedoch, dass Sie hierbei umdenken und die Richtungsangabe aus der Sicht des Hundes machen müssen.

Versuchen Sie, diese Übung wirklich so aufzubauen, dass nur Ihr Kommando die Richtung angibt. Ihre Körpersprache sollte neutral sein. Nur dann kann der Hund wirklich die Worte lernen und Sie haben später zwei Möglichkeiten der Verständigung, nämlich über Körpersprache und Worte.

Übungsziele »Rechts« und »Links«

▶ Bällchen werfen. Nach durchschnittlich 5-mal bekommt der Hund vorher die Richtungsangabe »Rechts« und der Ball wird nach rechts geworfen

▶ Wenn der Hund das versteht, dasselbe entsprechend nach links
▶ Wenn auch das gut klappt, werden beide Richtungsangaben ins Spiel eingebaut
▶ Die Angaben werden in der Hinderniskombination Abb. 68 unten geübt
▶ Dasselbe mit Abrufen
▶ Verallgemeinern an anderen Hindernissen

HINDERNISUNTERSCHEIDUNG ▶

Beim Einüben der einzelnen Hindernisse hat der Hund zu jedem sein Kommando bekommen. Er hat also bereits in Ansätzen gelernt, wie die einzelnen Hindernisse heißen. Auch das kann zum Dirigieren im Parcours eine wertvolle Hilfe sein. Aber selbst wenn er die Hindernisse nicht mit Namen kennt, haben wir Möglichkeiten, ihm zu sagen, welches Hindernis er als Nächstes nehmen soll. In unserer Beispielübung arbeiten wir mit A-Wand und Tunnel. Sie können jedoch auch andere Hindernisse wählen, je nachdem, welche Ihr Hund schon beherrscht.

Bauen Sie beide zunächst in deutlichem Abstand zueinander auf. Schicken Sie nun den Hund zuerst mit dem Kommando, unterstützt von einer deutlichen Körpersprache, mal über die A-Wand, mal durch den Tunnel. Versuchen Sie das auch mal nur mit Kommando. Dafür könnten Sie z.B. dem Hund den Rücken zudrehen, damit Sie ihm keine Hilfe mit dem Körper geben können. Versteht der Hund, welches Hindernis gemeint ist? Variieren Sie die Reihenfolge, in der Sie den Hund schicken, um wirklich sicher zu sein. Es könnte ja auch ein Zufall sein, dass er das richtige Hindernis genommen hat.

Sandra blockiert den Eingang zum Tunnel, so bleibt Bobby nur der Weg über den Laufsteg.

Wenn er bis jetzt den Namen des Hindernisses noch nicht als solchen verstanden hat, was bei der Mehrzahl der Hunde der Fall sein dürfte, können Sie das mit dieser Übung sehr schön üben. Geben Sie dem Hund zuerst das Kommando ohne jegliche bewusste Hilfe der Körpersprache. Direkt im Anschluss, aber deutlich abgesetzt, folgt die Körpersprache. Auf diese Weise wird das Kommando die Ankündigung der Körpersprache und der Hund wird das bei entsprechender Motivation schnell als solche verstehen lernen, so dass Sie bald wirklich nur noch den Namen des Hindernisses sagen brauchen und der Hund versteht, selbst wenn Sie mit dem Rücken zu den Hindernissen stehen. Jetzt werden die Hindernisse näher und näher zusammengestellt, bis der Hund sie auch ganz dicht unterscheiden kann. Durch dieses Unterscheidungstraining können Sie ihm nach und nach die Kommandos für alle Hindernisse beibringen, was übrigens

wieder eine sehr nützliche Anforderung an die Kopfarbeit des Hundes ist und ihn in einem ausgezeichneten Maße in seinen Fähigkeiten unterstützt.

Übungsziele Hindernisunterscheidung durch Wortkommando

► Zwei Hindernisse stehen in deutlichem seitlichen Abstand voneinander und der Hund wird jeweils über eines davon geschickt, wobei das Wortkommando die Hilfe durch Körperbewegung ankündigt
► Wenn der Hund die Körperhilfe nicht mehr braucht, werden die Hindernisse Stück für Stück näher aneinander gestellt
► Machen Sie die Übung mit allen möglichen Hinderniskombinationen oder auch mit drei oder mehr Hindernissen

Bedenken Sie, dass Sie von dem Hund nur dann erwarten können, dass er die Kommandos für die einzelnen

Hindernisse versteht, wenn Sie dieses Unterscheidungstraining gemacht haben. Was man leider oft sieht, bzw. hört, ist, dass die Kommandos für die Hindernisse gebrüllt werden in der Annahme, der Hund verstehe sie dann besser. Damit macht man sich aber nur etwas vor und dem Hund das Leben unnötig schwer. Solange der Hund die Kommandos nicht versteht, wird er sich nämlich auf die Körpersprache verlassen, und der Hundeführer täte besser daran, sich darauf zu konzentrieren, als den Hund durch zu laut gerufene Kommandos eher noch zu verwirren. Eine gute Übung für einen solchen Fall wäre, dass Sie den Hund mal ganz ohne ein Wort (oder ein Klatschen) über den Parcours dirigieren. Sie werden erstaunt sein, wie gut das klappt. Die ganzen gesprochenen Kommandos sind nämlich oft nur für uns Menschen von Bedeutung und nicht für den Hund, es sei denn er hat sie im Unterscheidungstraining richtig gelernt.

Das muss aber nicht unbedingt sein. Denn außer, dass der Hund unsere Worte lernt, können wir ja auch eine bewusste Körpersprache lernen, die der Hund dann sowieso versteht. Dazu wieder ein Beispiel mit Laufsteg und Tunnel, die nebeneinander stehen, bzw. liegen, Laufsteg links, Tunnel rechts. Ihr Hund ist an Ihrer linken Seite und die Aufgabe ist, dass Sie ihn über den Laufsteg schicken. Eine Möglichkeit ist, dass Sie den Tunneleingang mit Ihrem Körper blockieren. Ohne eine bestimmte Körpersprache passiert das einfach nur dadurch, dass Sie eben im Weg stehen und so nur der Weg über den Laufsteg frei ist.

Die nächste Möglichkeit ist die, dass Sie den Hund mit Ihrer Körpersprache regelrecht über den Laufsteg schieben, auch ohne dass der Tunnel blockiert wird. Jetzt heißt es aufgepasst! Ihre Schultern und Ihr Blick sollten deutlich in Richtung Laufsteg zeigen. Am besten üben Sie das ohne die Zuhilfenahme Ihrer Arme, damit Sie wirklich lernen, worauf es ankommt.

Oft wird das so unterrichtet, dass man meistens mit der Führhand zeigt, also der Hand, die auf der Seite ist, auf der auch der Hund ist, es aber auch Fälle gibt, in denen genau die andere Hand dem Hund zeigen soll, was als Nächstes kommt. Dieses Beispiel wäre ein solcher Fall. Es ist aber nicht die andere Hand, auf die es ankommt, sondern die Stellung der Schultern. Wenn ich in diesem Fall mit dem rechten Arm zeige, geht auch automatisch die rechte Schulter vor, der Oberkörper macht also eine deutliche Drehung nach links. Und das ist es, was der Hund versteht. Daher finden wir es einfacher, wenn man sich als Mensch gleich auf das Wesentliche konzentriert, als das man über Umwege lernt, in welchen Situationen man die Führhand und in welchen die andere Hand nehmen soll.

Experimentieren Sie damit. Üben Sie zunächst ohne Arme. Nehmen Sie dann die Arme zu Hilfe. Beobachten Sie was passiert. Was ist für den Hund deutlicher? Was fällt Ihnen leichter? Wie bei allen Übungen gibt es immer Varianten die einem bestimmten Menschen besser liegen als anderen. Es ist also nie unsere Absicht, Ihnen eine bestimmte Vorgehensweise vorzuschreiben. Das können nur Sie alleine herausfinden, was Ihnen am ehesten zusagt. Wir wollen aber versuchen, Sie zum Denken anzuregen. Was steckt hinter bestimmten Anweisungen?

Warum soll man etwas so oder so machen? Und auch hier gilt wieder: Je mehr verschiedene Möglichkeiten Sie kennen, desto mehr Möglichkeiten haben Sie auch, um in bestimmten Situationen zu reagieren.

Außer den Hund zu schieben oder drücken, können Sie ihn auch ziehen. Auch das ist eine Möglichkeit, dem Hund bei der richtigen Wahl zwischen den beiden Hindernissen zu helfen. In unserem Beispiel ist der Hund dafür an der rechten Seite. Nun ist es Ihre Aufgabe, den Hund mit Ihrer ganzen Körpersprache nach links auf den Laufsteg zu ziehen. Auch hiermit sollten Sie etwas experimentieren. Ziehen Sie nicht deutlich genug, wird der Hund den Tunnel nehmen. (Nur noch mal zur Klarheit: Ziehen heißt nicht, dass eine Leine am Hund ist und daran gezogen werden soll. Es geht hier ausschließlich um Körpersprache. Die Übungen werden ohne Leine durchgeführt.) Ziehen Sie zu stark, wird Ihr Hund links an dem Laufsteg vorbeilaufen. Es gilt also, das richtige Maß zu finden. Das ist auch von Hund zu Hund deutlich unterschiedlich, was diejenigen unter Ihnen leicht merken werden, die mit zwei Hunden trainieren. Auch darauf muss man sich als Hundeführer einstellen können. Üben Sie also alle drei Variationen: Blockieren, Schieben oder Drücken und Ziehen. Machen Sie das anschließend auch für den Tunnel.

Wenn Sie mit diesen Formen des Dirigierens an diesen beiden Hindernissen gut zurechtkommen, bauen Sie zwei andere Hindernisse auf oder auch nur ein anderes, wie z.B. Tunnel und Wippe. Je nach Hinderniskombination muss die Intensität Ihrer Körpersprache nämlich auch variieren. Wenn die Aufgabe jetzt ist, den Hund über die Wippe zu schicken, werden Sie wahrscheinlich viel stärker schieben müssen, als wenn die Aufgabe dann ist, den Hund durch den Tunnel laufen zu lassen.

Wenn das zunächst auch sehr viel erscheint, werden Sie diese Dinge irgendwann automatisch machen. Wichtig ist aber, dass Sie sich das alles mal bewusst machen, damit Sie später auch in der Lage sind, aus Ihren Fehlern zu lernen. Wenn man sich das nicht klarmacht, kann man nämlich unter Umständen gar nicht verstehen, warum der Hund z.B. einmal am Hindernis vorbeiläuft und einmal nicht. Wenn der Hund das Hindernis richtig gelernt hat, ist meist Ihre Körpersprache dafür verantwortlich und nicht eine Widersetzlichkeit des Hundes oder die so gerne angeführten Dominanzprobleme. Aber es erfordert eben schon einiges an innerer Größe sich einzugestehen, dass man selber einen Fehler gemacht hat, und den dann nicht auf den Hund zu schieben. Nur so kommt man jedoch weiter und kann immer besser werden. Anders sieht man die Leute, die in jeder neuen Turniersaison mit einem neuen Hund auftauchen, weil der alte nicht taugt hat. Es ist aber nie der Hund (es sei denn, er hat irgendwelche körperlichen Beschwerden und ist zu einer bestimmten Leistung gar nicht in der Lage)!

Übungsziele Blockieren, Schieben, Ziehen

▶ Tunnel und Laufsteg stehen nebeneinander. Der Hund wird mal über den Laufsteg geschickt, indem der Tunnel blockiert wird und mal umgekehrt, dann wird der Laufsteg blockiert

Hier zeigt Sandra uns die andere Möglichkeit: sie zieht Bobby mit ihrer Körpersprache über den Laufsteg.

- In derselben Kombination wird der Hund jeweils über das eine oder das andere Hindernis mit der Körpersprache gezogen
- In derselben Kombination wird der Hund jeweils über das eine oder das andere Hindernis mit der Körpersprache geschoben
- Die vorherigen drei Schritte werden an allen möglichen Hinderniskombinationen geübt

SEITENWECHSEL ► In unseren Parcoursbeispielen war es bis jetzt immer noch so, dass Sie auf einer Seite des Hundes waren und da auch bleiben konnten. Das ist jedoch in einem normalen Parcoursverlauf nicht der Fall. Sie müssen also lernen, wie Sie von der einen Seite des Hundes auf die andere kommen, ohne den Hund in seinem Lauf zu unterbrechen und ohne ihn zu irritieren. Damit werden wir uns in diesem Abschnitt befassen. Es gibt natür-

lich wieder mehrere Möglichkeiten.

Wir üben die Wechsel zunächst im Wechsel-S. Wie dieser Parcours aussieht, sehen Sie in der Abbildung unten.

Da wo das X ist, kommt zu Anfang der Tisch hin. Sie starten mit dem Hund bei A an der linken Seite und wechseln, wenn er auf dem Tisch ist, so dass er für das zweite Teilstück an Ihrer rechten Seite läuft. Zunächst üben wir den **Wechsel hinter dem Hund**. Da der Hund ja jetzt 5 Sekunden auf dem Tisch bleiben soll, haben Sie genügend Zeit, in Ruhe hinter dem Hund auf die andere Seite zu wechseln. Weil der

Wechsel-S

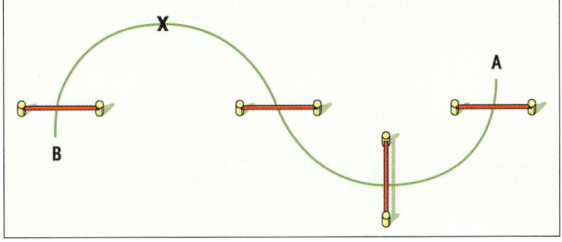

Hund dabei steht oder auch sitzt oder liegt, und eben nicht läuft, wird dieser Wechsel auch **stationärer Wechsel** genannt.

Wenn Sie mit diesem Bewegungsablauf vertraut sind, ersetzen Sie als Nächstes den Tisch durch den Tunnel und wiederholen die Übung. Wenn der Hund also im Tunnel verschwunden ist, wechseln Sie hinter ihm auf die andere Seite. Da der Hund Sie nicht sieht, wenn er im Tunnel ist, und Sie den Tunnel schon unter allen möglichen Umständen geübt haben, wird ihn das kaum irritieren. Weil der Hund Sie nicht sieht, wird dieser Wechsel auch manchmal **blinder Wechsel** genannt. (Manche Ausbilder verstehen unter einem blinden Wechsel aber auch einen Wechsel, bei denen der Mensch den Hund nicht sieht, was wir noch weiter unten erklären.)

Für die nächste Übungseinheit ersetzen Sie den Tunnel durch eine einfache Hürde. Jetzt sieht der Hund Ihren Wechsel, aber die Übung ist ihm ja nun schon bekannt, daher wird er sich auch hierbei nicht irritieren lassen. Üben Sie das jeweils von beiden Seiten und denken Sie daran, Ihren Hund ausgiebig zu loben, wenn er die Aufgabe erfolgreich meistert. Es ist für ihn nämlich wieder etwas völlig anderes als das, was bisher gemacht wurde.

Ersetzen Sie nun die Hürde durch die Kontaktzonenhindernisse. Beobachten Sie, wie Ihr Hund auf Ihren Wechsel reagiert. Wie weit müssen Sie mitlaufen, damit er das Hindernis problemlos nimmt und sich nicht durch Ihren Wechsel irritieren lässt. Experimentieren Sie etwas mit den Positionen an denen Sie wechseln. Wie geht es am besten? Lernen Sie dabei mehr und mehr den Bewegungsablauf kennen und auch die Reaktion Ihres Hundes. Achten Sie auf die Stellung Ihrer Schultern, dass Sie dem Hund auch die richtige Richtung zeigen.

Nach den Kontaktzonenhindernissen sollten Sie auch den Slalom an Stelle des X einbauen.

Üben Sie die Wechsel hinter dem Hund so lange, bis sie sozusagen in

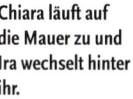

Chiara läuft auf die Mauer zu und Ira wechselt hinter ihr.

Fleisch und Blut übergegangen sind und Sie gar nicht mehr darüber nachdenken müssen.

Üben Sie so lange, bis Sie sagen können: »Das kann ich.« Wenn das der Fall ist, wurde in Ihrem Kleinhirn ein Programm für diesen Bewegungsablauf erstellt. Sie können den Wechsel dann ausführen, ohne darüber (mit der Großhirnrinde) bewusst nachdenken zu müssen. Dann erst sollten Sie sich der nächsten Aufgabe zuwenden.

Übungsziele Wechsel hinter dem Hund
- ▶ Im Wechsel-S wechseln hinter dem Hund, wenn dieser auf dem Tisch steht
- ▶ Wechseln hinter dem Hund, wenn er im Tunnel ist
- ▶ Wechseln hinter dem Hund, wenn der auf Hürde zuläuft
- ▶ Wechsel hinter dem Hund an allen möglichen anderen Hindernissen

Die nächste Aufgabe ist der **Wechsel vor dem Hund**. Auch das üben wir wieder im Wechsel-S, wobei Sie dieses Mal aber bei B starten. Jetzt laufen Sie so, dass Sie vor dem Hund auf die andere Seite wechseln, während er auf dem Tisch steht und wartet. Das können Sie wieder auf mehrere Art und Weisen machen. Zunächst erklären wir Ihnen den oft so genannten **belgischen Wechsel**. Dazu drehen Sie sich zunächst vor den Hund, um ihn dann an Ihrer anderen Seite weiter mitzunehmen. Sie machen also eine Kreisbewegung, wobei Sie den Hund im Auge behalten. Üben Sie diesen Bewegungsablauf wieder so lange, bis er Ihnen in Fleisch und Blut übergeht. Mit dem Hund auf dem Tisch haben Sie schön Zeit dazu.

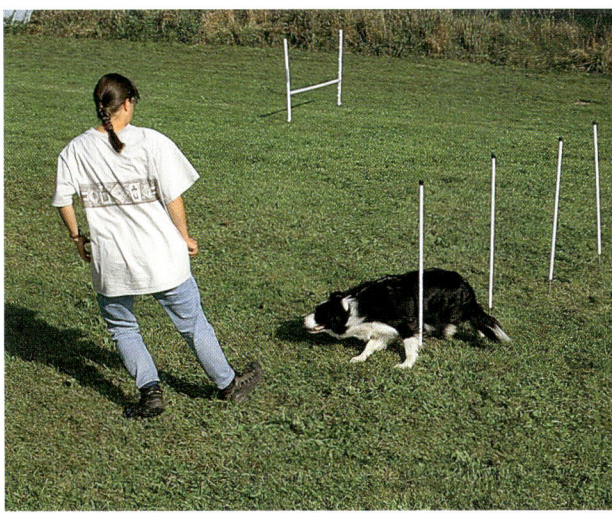

Michaela zeigt uns den belgischen Wechsel am Slalom.

Dann ersetzen Sie den Tisch nach und nach durch andere Hindernisse. Variieren Sie etwas die Stelle, an der Sie sich drehen. Das können Sie entweder genau auf der Lauflinie des Hundes machen, um dann zur Seite zu gehen, wenn er kommt, oder Sie machen es direkt an der Seite (siehe Abb. unten). Wie fühlt sich das an? Was für Vorteile bringt die eine oder andere Art, vielleicht bei den unterschiedlichen Hindernissen? Experimentieren Sie, wenn Ihnen der Bewegungsablauf geläufig ist, und sehen Sie, was passiert.

Mit den Wechseln ist es wieder so wie mit so vielem: Man kann nicht sagen »In der Situation muss man den nehmen und in der anderen Situation den nächsten.« Das hängt wieder viel von dem Hund-Mensch-Team ab, von

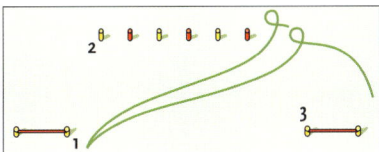

Mögliche Laufwege des Menschen beim belgischen Wechsel

Der belgische Wechsel »in Zeitlupe«

der Geschwindigkeit des Hundes oder von anderen Dingen, auf die bei dem jeweiligen Team geachtet werden muss. Es ist aber auf keinen Fall so, dass man z.B. bei einem schnellen Hund keinen Wechsel vor dem Hund machen kann. Man kann, – und oft bringt das einige Vorteile, weil man den Hund besser dirigieren, unter Umständen besser anfeuern kann oder was auch immer. Wichtig ist nur, dass Sie sich Zeit nehmen, diese Art des Wechsels zu üben, bis Sie nicht mehr darüber nachdenken müssen. Dazu haben Sie nämlich später im Parcoursablauf keine Zeit. Sie können sich dann nur vornehmen, an der und der Stelle einen belgischen Wechsel zu machen, der Ablauf selbst muss automatisch vor sich gehen.

Eine nächste Möglichkeit, vor dem Hund zu wechseln, ist die, dass Sie auf die andere Seite wechseln, ohne sich dem Hund zuzudrehen. Das wird auch **blinder Wechsel** genannt, weil man hier den Hund für einen Augenblick aus den Augen verliert. Es gibt Ausbilder, die lehren, dass man das immer vermeiden sollte. Wir denken jedoch, dass es manchmal durchaus Situationen gibt, in denen diese Art zu wechseln angebracht ist. Experimentieren Sie das an dem schon jetzt altbekann-

ten Parcoursablauf. Wie reagiert der Hund? Gibt es Hindernisse, vor denen das gut geht, vor anderen vielleicht nicht? Wenn der Hund z.B. gut auf Wortkommandos reagiert und als nächstes Hindernis nach dem Wechsel der Tunnel kommt, den er sowieso gerne durchläuft, können Sie es ruhig riskieren, den Hund mal für einen Augenblick nicht zu sehen. Dadurch, dass Sie die Drehung einsparen, sind Sie nämlich schneller, was auch ein entscheidender Vorteil sein kann. Es kommt also immer auf die jeweilige Situation an. Wichtig ist aber auch hier, dass Sie möglichst viele Variationen lernen, um eben flexibel zu sein und sich je nach Bedarf die passende auszusuchen. Und das geht nur, wenn Sie in der jeweiligen Situation über den eigentlichen Ablauf des Wechsels nicht mehr nachdenken müssen. Üben Sie die unterschiedlichen Möglichkeiten also gezielt so lange, bis sie so automatisch ablaufen, wie z.B. das Schalten beim Autofahren.

Übungsziele: Wechsel vor dem Hund

▶ Entsprechend der Übungsziele »Wechsel hinter dem Hund«, mal mit belgischem, später dann mit blindem Wechsel

▶ Führtechniken

In diesem Abschnitt möchten wir noch einmal ganz speziell auf die einzelnen Führtechniken eingehen. Diese wurden zwar zwischendurch immer schon mal erwähnt; der Deutlichkeit halber sollen Sie hier aber ganz für sich noch einmal besprochen werden.

Es gibt also mehrere Möglichkeiten, wie wir den Hund über den Parcours dirigieren können, angefangen damit, dass wir jedes Hindernis mitlaufen bis – jetzt ganz krass – wir in der Mitte stehen bleiben und den Hund nur noch mit dem jeweiligen Kommando über das jeweilige Hindernis schicken.

Nun gibt es immer einiges an Diskussionen, welche Möglichkeit denn nun die beste wäre, ob mit oder ohne Führhand, wenn der Hund z.B. vor einem ist, ob Führhand oder Gegenhand, um ihn in eine bestimmte Richtung zu dirigieren usw.

Deshalb soll hier ausgehend von dem Verständnis des Hundes das Ganze einmal genauer betrachtet werden.

Was versteht der Hund? Am deutlichsten versteht er unsere Körpersprache, weil das sozusagen seine Muttersprache ist. Das nennen wir jetzt das Kommando **1.Ordnung**. Darunter fällt genauer unsere Blickrichtung und die Stellung unserer Schultern. Arm- und Handzeichen gehören nicht dazu, weil der Hund die so nicht in seiner Sprache benutzt.

Wenn wir dem Hund aber Kommandos beibringen wollen, versteht er unsere Körpersprache noch eher als unsere Worte. Deshalb nennen wir jetzt Sachen wie Arm- und Handzeichen Kommandos **2.Ordnung**. Dazu gehören Zeichen, die der Hund zwar selber so nicht verwendet, die er aber aufgrund seiner Wahrnehmung sehr schnell erlernen kann. Als typisches Beispiel dient hier der gehobene Finger als Zeichen für das »Sitz«. Dazu gehört im Agility aber auch das Zeigen mit der Führhand. Dieses Zeichen versteht er nicht sozusagen angeborenermaßen, sondern er muss es erst erlernen. Viele gute Ausbilder bringen das dem Hund auch bei. Die Möglichkeit, wie wir das hier gezeigt haben, ist die mit dem Handtarget. Die meisten Menschen glauben jedoch, der Hund verstünde diese Geste automatisch. Dem ist nicht so. Und nun kommen wir zu den Kommandos **3.Ordnung**, das sind unsere Stimmkommandos. Auch die kann der Hund erlernen, obschon ihm das deutlich schwerer fällt, als das Erlernen der

Sichtzeichen. Und auch hier meinen wieder viele, der Hund müsste automatisch verstehen, was wir ihm sagen. Der Hund kann unsere Worte lernen, allerdings ist das für den Hund die schwierigste Form der Verständigung.

Der Hund versteht also am leichtesten die Kommandos 1.Ordnung, dann die 2. und als Letztes die 3.Ordnung. Und er wird immer auf das reagieren, was er am deutlichsten versteht. Die anderen Signale werden dann davon überschattet. Ein Beispiel, das vielleicht jeder schon einmal an sich selber erlebt hat, ist ein Film in ausländischer Sprache mit deutschen Untertiteln. Vielleicht würden wir mit etwas Konzentration sogar der fremden Sprache folgen können (vorausgesetzt, wir haben sie gelernt). Da das Lesen der Untertitel jedoch wesentlich einfacher ist und man sich schlecht auf zwei Dinge gleichzeitig konzentrieren kann, wird die gesprochene Sprache fast überhört.

Und so geht es auch dem Hund. Auch er versteht am besten »seine Muttersprache«, also die Signale 1.Ordnung. Wenn er ein solches wahrnimmt, wird er andere »überhören« so nach dem Motto: Man muss sich das Leben ja nicht unnötig schwer machen.

Das spielt alles keine besondere Rolle, wenn wir alle drei Arten an Kommandos geben und die alle dasselbe sagen, wie auf dem Foto zu sehen. Lisa zeigt ihrer Hündin deutlich mit Schultern (1.Ordnung), Führhand (2.Ordnung) und Stimme (3. Ordnung), welches Hindernis sie als Nächstes Springen soll.

Schwierigkeiten gibt es erst dann, wenn wir unbewusst unterschiedliche Kommandos geben. So können z.B. Führhand und Stimme den Hund nach rechts dirigieren, der Oberkörper weist jedoch nach links. In diesem Fall wird der Hund sich nach dem Kommando 1.Ordnung richten, also dem Oberkörper, den der Mensch aber eher unbewusst einsetzt. Und schon entsteht ein Missverständnis.

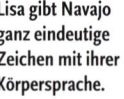

Lisa gibt Navajo ganz eindeutige Zeichen mit ihrer Körpersprache.

Wir Menschen müssen also lernen, unsere Signale bewusst einzusetzen, und zwar ganz besonders die Kommandos 1.Ordnung, die für den Hund so wichtig sind, die wir aber meist etwas vernachlässigen.

Aus diesem Grunde üben wir speziell die Arbeit mit unserem Oberkörper und die Hände sind uns in der Ausbildung der Menschen nicht ganz so wichtig. Denn die Hundeführer sollen lernen, sich aufs Wesentliche zu konzentrieren.

Eine ganz schöne Übung dazu ist beispielsweise unser Spielchen »Alle Neune«. Das geht so, dass wir in jeder Kursstunde ein Hindernis entsprechend den Nummern auf der Zeichnung hinzufügen, bis in der neunten Stunde eben alle Neune aufgebaut sind. Der Hundeführer soll nun jeweils den Hund über je ein Hindernis aus jeder Reihe zu sich rufen, indem er ihn nur mit seinen Schultern dirigiert. Die Hände werden dafür hinter dem Rücken verschränkt. Anfangs darf noch etwas hin- und hergelaufen werden. Aber auch das sollte mit der Zeit immer mehr durch die Drehung des Oberkörpers ersetzt werden.

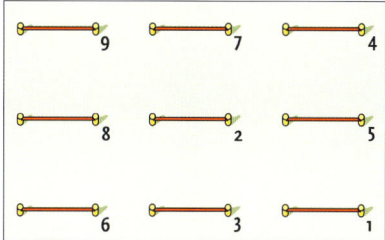

Eine weitere schöne Übung ist die, dass fünf oder sechs Hindernisse in einer Linie aufgebaut werden und der Hund in Schlangenlinien darüber geleitet wird (siehe Abb. unten), wieder nur mit dem Oberkörper und den Händen hinterm Rücken. So lernen die Hundeführer immer mehr ganz bewusst, ein Kommando erster Ordnung einzusetzen.

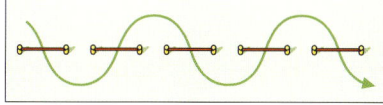

Hierzu muss noch erwähnt werden, dass ein Hund natürlich auch lernen kann, ein Kommando 3.Ordnung, eben ein Wortkommando, mit Priorität zu befolgen, d.h., unabhängig davon, ob eventuell noch ein widersprüchliches

Kommando 1.Ordnung da ist. Aber das muss trainiert werden. Und dafür muss der Ausbilder sich der dahinter stehenden Mechanismen bewusst sein, damit er sie überhaupt richtig trainieren kann.

Ein weiterer Punkt, der dann noch sehr wichtig ist in Bezug auf die Führtechnik, ist der, dass die Kommunikation immer in zwei Richtungen laufen muss. Das bedeutet, dass nicht nur der Hund die Zeichen verstehen muss, die wir ihm geben, sondern auch wir müssen den Hund verstehen und in jedem Moment auf das, was wir wahrnehmen, eingehen.

So kann man sich den Lauf durch einen Parcours als einen Regelkreis vorstellen. Die Sollgröße (grün) ist der von uns gewählte Weg durch die Hindernisse. Die Ist-Größe (blau) ist das, was der Hund uns in jedem Moment zeigt. Weicht das von der Sollgröße ab, müssen wir entsprechend reagieren.

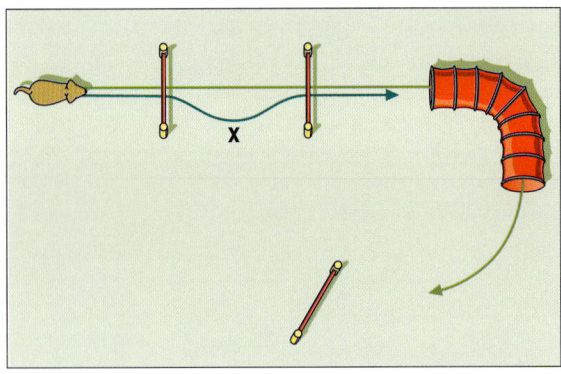

Beispiel: Der Hund soll wie auf der grünen Linie in der Abbildung über die Hindernisse gehen. Weil der Hundeführer zu weit hinten bleibt und der Hund sich nach ihm umsieht, driftet er etwas von dem vorgegebenen Kurs ab.

An dieser Stelle muss der Hundeführer also reagieren und mit seinen Signalen (in dem Fall einer deutlichen Drehung des Oberkörpers nach rechts) den Hund wieder auf den richtigen Weg bringen.

Das funktioniert übrigens auch, wenn man hinter dem Hund ist, allerdings nur mit einer deutlichen Drehung des Oberkörpers und weniger mit einem richtungsweisenden Arm, es sei denn man hat das dem Hund so beigebracht. Meistens lernen aber die Hunde dem Arm, bzw. der Führhand zu folgen und das ist natürlich schlecht möglich, wenn der Hundeführer hinter dem Hund ist. Schließlich soll der Hund ja nicht wieder zurücklaufen.

Wenn der Hund auf dem vorgegebenen Weg läuft, sollte der Hundeführer seine Signale so sparsam wie möglich einsetzen. Im Zweifelsfall verwirren sie den Hund nämlich nur und lenken ihn von dem eigentlich richtigen Weg ab.

Der Mensch im Agility muss also lernen, sehr schnell bestimmte Situationen wahrzunehmen, Entscheidungen zu treffen und die dann sehr schnell auch umzusetzen. Es ist ein Höchstmaß an Verständigung und Kommunikation erforderlich. Das macht diesen Sport unserer Meinung nach so spannend und nicht die Tatsache, dass der Hund lernt, möglichst schnell möglichst hoch zu springen.

▶ Häufige Parcours-Elemente

Wir haben Ihnen bis jetzt die wichtigsten Strategien vorgestellt, wie Sie Ihren Hund durch den Parcours dirigieren können.

Sie können den Hund abrufen, Sie können ihn geradeaus schicken, Sie haben gelernt, wie man zieht und schiebt und wie man vor oder hinter dem Hund wechselt. Jetzt können Sie das bisher gelernte an einigen häufig vorkommenden Parcours-Elementen üben.

Zum einen sind das wirklich gute Übungen, zum anderen findet man die einzelnen Kombinationen auch immer mal wieder bei Turnieren. Es ist dann immer schon ein gutes Gefühl, wenn man den Parcours abgeht und sagen kann: »Das können wir!«

DIE MÜHLE ▶ Bei der Mühle stehen die Hindernisse wie auf der Abbildung unten. Von daher ist sie unserem Hinderniskreis (S. 59) sehr ähnlich.

An dieser Hinderniskombination kann man verschiedene Übungen machen außer der, die Sie vom Stangenkreis schon kennen. Die farbigen Nummern geben Ihnen zur Anregung zwei Beispiele. Ihnen fallen sicher noch mehrere ein.

Experimentieren Sie jede Kombination, die Ihnen einfällt. Experimentieren Sie auch mit Schicken, Abrufen, die Wechsel, usw. Sie werden merken, dass die Verständigung zwischen Ihnen und Ihrem Hund immer besser wird.

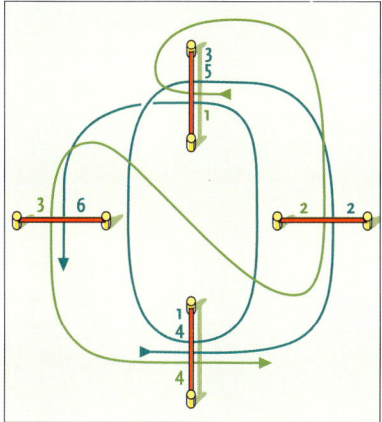

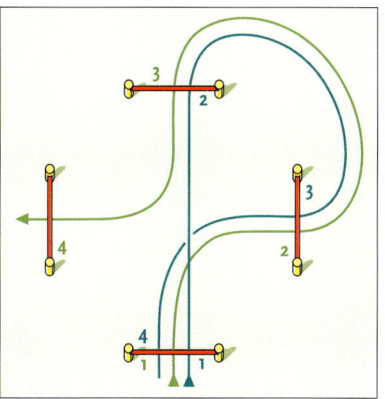

Viereck

DAS VIERECK ▶ Auch das Viereck bietet wieder einiges an Übungspotential. Mit etwas Phantasie werden Ihnen eine ganze Menge Übungen einfallen. Diese Kombinationen sind auch schöne Beispiele für das Üben in der Gruppe. Jeder muss sich eine neue Möglichkeit einfallen lassen, wie man diese Kombination noch nehmen kann.

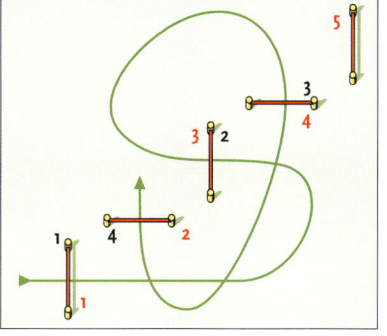

Treppe

DIE TREPPE ▶ Mit der Treppe können Sie gut üben, dass der Hund den kürzestmöglichen Weg nimmt. Der Hund kann lernen, möglichst schnell zu werden. Üben Sie die beiden vorgeschlagenen Beispiele und lassen Sie sich auch hier andere Möglichkeiten einfallen.

Mühle

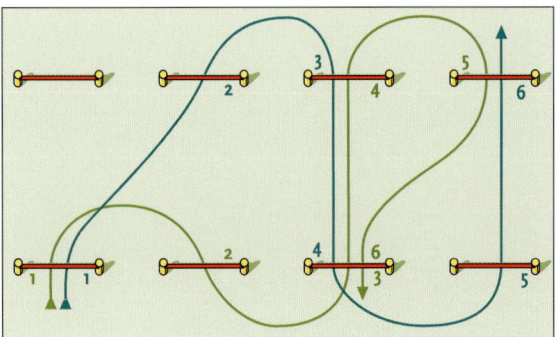

Parallelsprünge

PARALLELSPRÜNGE ▶ Die Parallelsprünge bieten auch eine schöne Möglichkeit, alle verschiedenen Variationen an Führtechniken anzuwenden und zu verfeinern. Üben Sie dabei möglichst die Varianten, mit denen Sie Schwierigkeiten haben. Die, die Ihnen und Ihrem Hund leicht fallen, lassen Sie zwar vor den mittrainierenden Teams gut aussehen, bringen Sie aber nicht wirklich weiter. Nehmen Sie sich einfach noch einmal jedes Übungsziel vor, das dieses Kapitel beinhaltet, und versuchen Sie es am Beispiel der Parallelsprünge anzuwenden.

Erst wenn Sie all diese einzelnen unterschiedlichen Übungen beherrschen, sind Sie »reif« für einen »richtigen« Parcours. Üben Sie sich also in Geduld und arbeiten Sie so Übung für Übung zum Erfolg. Bedenken Sie auch, dass sowohl die Hunde als auch wir Menschen wieder *ver*lernen können. Daher sollten Sie sich auch später immer mal wieder eine der beschriebenen Übungen herausgreifen und gezielt trainieren.

▶ **Was mache ich wenn ...?**

... MEIN HUND ZU LANGSAM IST? ▶
Ihr Hund ist also zu langsam, entweder deutlich zu langsam oder aber zu langsam, um im Turnier auf den vorderen Plätzen zu landen. Man kann zwar nicht aus jedem Hund von der Geschwindigkeit her einen Border Collie machen, aber jeder gesunde Hund kann auch lernen, für seine Verhältnisse schnell zu laufen.

Wichtig ist in diesem Zusammenhang, dass zunächst überprüft wird, ob nicht körperliche Ursachen dafür verantwortlich sind. Ein Hund, der irgendwo Schmerzen hat und sich von daher nicht richtig bewegen kann, kann auch nicht richtig schnell laufen. Klären Sie das also unbedingt zuerst mit Ihrem Tierarzt ab!

Nur wenn keine gesundheitlichen Probleme für das langsame Laufen verantwortlich sind, können wir durch das Training etwas daran ändern.

Dazu müssen Sie sich wieder überlegen, ob der Hund überhaupt weiß, was von ihm erwartet wird, und ob die Motivation stimmt.

Vielleicht sagen Sie jetzt: »Natürlich weiß er, was ich von ihm möchte. Schließlich feuere ich ihn doch die ganze Zeit an. Diese lahme Ente macht aber einfach nicht schneller.«

Mit dem Anfeuern ist das so eine Sache. Für einen Hund muss das nicht unbedingt dasselbe bedeuten, was es für uns bedeutet, und meistens tut es das auch nicht. Oft fühlt sich der Hund nämlich richtig gut bestätigt in dem, was er da gerade macht, wenn Sie ihm so begeistert erscheinen. Und da das gerade dann der Fall ist, wenn er schön langsam läuft, denkt er, das sei genau das, was Sie von ihm wollen. Achten Sie daher genau darauf, was Sie belohnen. Wenn der Hund zu langsam ist, beachten Sie ihn nicht. Wenn er dagegen mal in einer Passage schnell ist, zeigen Sie ihm dann Ihre Begeisterung! Natürlich können Sie diese Geschwindigkeit auch noch zusätzlich trainieren. Sehr gut zu diesem Zweck sind die Abrufübungen in der Hindernisgeraden. Stehen Sie dabei nicht frontal zu dem Hund, sondern laufen Sie am besten in die entgegengesetzte Richtung weg. Ist der Hund dann schnell, gibt es natürlich einen Jackpott. Oder aber Sie beenden die Übung an der Stelle, weil man ja immer aufhören sollte, wenn es am schönsten ist. Der Hund wird dann lernen, dass es die Geschwindigkeit ist, auf die es ankommt.

Eine nächste Hilfe für den Hund ist es, dass Sie im Parcours so laufen, dass Sie möglichst immer in Bewegung sind. Das heißt, dass Sie sich unter Umständen auch einmal für den längeren Weg entscheiden, anstatt eine Abkürzung zu wählen und dadurch auf den Hund warten zu müssen. Wenn Sie nämlich anhalten, wird auch Ihr Hund stoppen und Sie haben es dann unter Umständen wieder schwer, ihn in Gang zu bekommen.

Im Parcours gibt es noch viele weitere Tricks, mit denen Sie als etwas Fortgeschrittener Zeit schinden können. Allerdings ist das, was jetzt kommt wirklich nur für diejenigen gedacht, die alle Grundlagen schon ziemlich sicher beherrschen und daher den Kopf frei haben für neue Herausforderungen.

Fangen wir wieder beim Start an: Setzen oder stellen Sie den Hund möglichst so hin, dass er sich schon in dem richtigen Winkel für das zweite Hindernis befindet. Sie sollten ihn auch nicht direkt hinter die Startlinie setzen, sondern einige Meter dahinter, so dass er die Startlinie schon mit

vollem Tempo überlaufen kann, wenn Sie ihn abrufen.

Dasselbe gilt auch für die Ziellinie. Auch die sollte der Hund in vollem Tempo überlaufen. Daher ist es wichtig, dass Sie nicht sofort dahinter abstoppen, sondern auch noch weiter durchlaufen.

Im Parcours selber kann der Hund natürlich um so schneller sein, je kürzer sein Weg ist, den er laufen muss. Hierbei kommt Ihnen jetzt zugute, dass Sie die einzelnen Hindernisse unter allen möglichen Anlaufwinkeln geübt haben. Dadurch können Sie den Hund einige Kurven »schnippeln« lassen, natürlich nur, wenn er die Hindernisse dann auch noch fehlerfrei springt. Das ist aber auch das Spannende später im Wettkampf, dieses Abwägen zwischen Risiko und Sicherheit. Beim Üben gehen wir ganz auf Sicherheit. Denn je größer und stabiler die Basis ist, auf die man aufbauen kann, um so höher kann man hinaus und kann dann schon mal einiges riskieren, ohne dass direkt alles schief geht. Daher sind uns die Grundlagen so wichtig, und wir können gar nicht oft genug an alle Agility-Sportler appellieren, diese gewissenhaft aufzubauen. Denn leider ist es auch typisch menschlich, dass man zu schnell zu viel will, was dann eben meist auf Kosten der Gründlichkeit geht.

Eine weitere Möglichkeit, wertvolle Zeit einzusparen, ist unter Umständen der Sprungstil des Hundes. Je höher der Hund ein Hindernis überspringt, desto weiter ist die Flugbahn, desto länger braucht er also dafür. Optimal ist es, wenn der Hund die jeweilige Sprunghöhe der Höhe des Hindernisses anpasst. Das können Sie durch das

Training in der Hindernisstrecke erreichen (siehe S. 57). Wichtig ist dafür auch, dass Sie die Höhe der Hindernisse immer variabel gestalten. So lernt der Hund eher mitzudenken, als wenn alle Sprünge eine Einheitshöhe haben und das Springen automatisiert wird.

... MEIN HUND ZU SCHNELL UND UNAUFMERKSAM IST? ▶

Zu schnell ist der Hund eigentlich nie. Denn die Geschwindigkeit ist schließlich ein wichtiges Kriterium in diesem Sport. Allerdings ist ein schneller Hund oft sehr viel schwieriger zu dirigieren.

Das bedeutet, dass Sie einem schnellen Hund z.B. richtungsweisende Kommandos wie »links«, »rechts« oder »voraus« noch viel gründlicher beibringen müssen.

Achten Sie außerdem peinlichst genau darauf, dass sich Ihr Hund erst gar keine Fehler angewöhnt. Gehen Sie daher die Übungen unbedingt bewusst und eine auf der anderen aufbauend an. Haben sich erst einmal Fehler eingeschlichen, sind sie bei einem extrem schnellen Hund noch viel schwieriger zu korrigieren als bei einem etwas langsameren Sportsfreund.

Ein schneller Hund sollte sich gut auf Entfernung dirigieren lassen, damit der Mensch nicht so viel zu laufen braucht.

Lernen Sie, sich Ihren Weg im Parcours so zu wählen, dass Sie möglichst viel Zeit haben. Eine schöne Möglichkeit sind z.B. die Wechsel vor dem Hund. Lernen Sie also, ein Auge dafür zu bekommen, wo Sie sich im Parcours Wege ersparen können, um den Hund die Laufarbeit machen zu lassen.

Und wir sagen es hier noch einmal, eben weil es so wichtig ist: Nehmen Sie sich Zeit für eine gründliche Grundausbildung! Geduldig und mit kleinen Schritten kommen Sie eher ans Ziel, als wenn Sie die Dinge überstürzen wollen. Viele haben ihre anfängliche Ungeduld später schon bitter bereut.

... DER HUND DIE STANGEN ABWIRFT? ▶

Auch hier gilt natürlich das mit der gründlichen Grundausbildung. Gehen Sie mit dem Hund noch einmal zu den Übungen in der Stangengerade zurück. Trainieren Sie systematisch seine Sprungeigenschaften.

Versuchen Sie außerdem seine Fehler zu analysieren. Warum reißt er die Stangen?

▶ Vielleicht weiß er gar nicht, dass es eben darauf ankommt, dass die Stangen liegen bleiben.

Hier leistet uns wieder der Klicker gute Dienste. Klicken Sie genau in dem Moment, in dem die letzte Pfote an der Hindernisstange vorbei ist und diese noch oben liegt. Ein klickererfahrener Hund wird so lernen, auf was es ankommt.

▶ Vielleicht fehlt ihm ganz einfach die Kraft, die Hindernisse in der für ihn vorgegebenen Höhe zu überspringen.

Gehen Sie in der Ausbildung langsam vor. Verlangen Sie die richtigen Höhen erst sehr spät. Dann haben die Muskeln

ren, gewählt hat, heißt das auch, dass man sie zumindest für das erste Jahr auch in den Turnieren so beibehält! Und dass das auch später zumindest im Training immer wieder aufgefrischt wird. Sonst trainiert man dem Hund sogar die Kontaktzonen systematisch wieder ab. Im Turnier darf er nämlich immer weiterlaufen, wenn er eine Kontaktzone übersprungen hat. Er wird also dadurch für seinen Fehler belohnt.

Hier hat Ayla mit den Vorderpfoten gerissen.

> ### TIPP
> *Üben Sie sich darin, einen Fehler nie bei dem Hund, sondern immer bei sich selbst zu suchen!*

des Hundes Zeit, sich auf die an sie gestellten Aufgaben einzustellen.

▶ Vielleicht liegt eine körperliche Ursache zugrunde.
Lassen Sie das von Ihrem Tierarzt abchecken.

▶ Vielleicht bringen Sie den Hund im Parcours durch zur unpassenden Zeit gegebene Kommandos aus dem Rhythmus.

Lassen Sie sich beobachten oder auch filmen. Üben Sie, immer weniger auf den Hund einzuwirken. Dann kann er sich in Ruhe auf die ihm gestellte Aufgabe konzentrieren.

... DER HUND DIE KONTAKTZONEN ÜBERLÄUFT? ▶ Einer der Hauptgründe für diesen Fehler ist der, dass die zunächst aufgestellten Regeln, wie z.B. das Ablegen auf der Kontaktzone zu schnell aufgegeben wird. Oder dass z.B. im Turnier darauf keinen Wert gelegt wird. Wenn man sich diese Möglichkeit, die Kontaktzonen einzutrainie-

ren, gewählt hat, heißt das auch, dass man sie zumindest für das erste Jahr Aus seiner Sicht ist es also in dem Moment kein Fehler mehr. Aus dem Grund laufen viele Hunde die Kontaktzonen im Training fehlerfrei, im Turnier überspringen sie sie einfach. Wenn man dieses Problem hat, heißt das also, dass man auch im Turnier mal Trainingssituation schaffen muss, selbst wenn das in diesem Fall eine Disqualifikation oder auch mehrere bedeutet. Nur so kann der Hund aber das Richtige lernen.

Hier kam das Kommando zum Abdrehen etwas früh und der Hund wurde in seinem Sprung gestört.

Welpen und Agility

▶ Sozialisation

Mit das Allerwichtigste im Leben eines Welpen ist die Sozialisation. Die ist so wichtig, dass wir sie auch in einem Buch ansprechen, in dem es eigentlich um Agility geht.

Was bedeutet Sozialisation? In der Sozialisationsperiode, die in etwa bis zur 16. Lebenswoche eines Welpen dauert, lernt der junge Hund seine Umwelt kennen. Streng genommen wird das noch unterteilt in belebte und unbelebte Umwelt und entsprechend unterschiedlich benannt. Der Einfachheit halber verwenden wir jedoch nur diesen einen Begriff: Sozialisation.

Das Entscheidende ist, dass alles das, was der Hund in dieser Zeit nicht kennen lernt, für ihn später erst einmal bedrohlich ist. Das mag uns jetzt etwas unverständlich erscheinen. Aus entwicklungsbiologischer Sicht ist das jedoch ein sehr sinnvolles Verhalten. Mit zunehmendem Alter wurden und werden die Wolfjungen immer unternehmungslustiger und sie wagen sich auch schon mal alleine auf Entdeckungsreise. Wenn einem Wolfsjungen so alleine etwas Unbekanntes begegnet, ist es sehr sinnvoll, wenn es davor Angst hat. Sonst war es unter Umständen das letzte Mal, dass er oder sie mutig war. Diese Eigenschaft haben unsere Hunde also von den Wölfen geerbt. Wir müssen sie so hinnehmen, auch wenn das in unserer »zivilisierten« Welt meist eher von Nachteil ist.

Für frisch gebackene Welpenbesitzer und auch schon für die Züchter bedeutet das, dass sie den Kleinen so viel wie möglich zeigen müssen. Die Welpen sollten in dieser Zeit möglichst alles kennen lernen, womit sie es im späteren Leben einmal zu tun bekommen könnten. Das ist deshalb wichtig, weil man ja heute selten vorhersagen kann, was in fünf oder in zehn Jahren ist. Vielleicht ziehen Sie vom Land in die Stadt um oder umgekehrt? Vielleicht kommt in dieser Zeit ein Baby in die Familie? Vielleicht möchte das schon etwas größere Kind irgendwann eine Katze oder ein Kaninchen haben? All das gilt es zu bedenken, wenn Sie sich überlegen, was Ihr Welpe alles kennen lernen sollte. Wir empfehlen Ihnen, sich einen Plan zu machen, damit auch nichts vergessen wird.

Wenn Sie den Welpen mit acht Wochen zu sich nehmen, haben Sie höchstens noch 8 Wochen Zeit, diesen Plan »abzuarbeiten«. Und lassen Sie sich eines sagen: Die Zeit verfliegt nur so! Daher ist es sehr wichtig, dass schon der Züchter damit angefangen hat. Der Züchter sollte schon Wert darauf legen, dass der Welpe möglichst viele unterschiedliche Menschen und eine sehr abwechslungsreiche Umgebung kennen lernt. Entscheiden Sie sich also lieber nicht für einen Hund, der die ersten acht Wochen seines Lebens nur seine Mutter, die Geschwister und die Wände seines Zwingers gesehen hat,

Üben Sie mit dem Welpen ausgiebig das Spielen. Es wird Ihnen später gute Dienste leisten.

Gut geführte Welpenspielstunden sind wichtig, damit die Kleinen die Hundesprache lernen.

Hundeschule oder einen verhaltenstherapeutisch tätigen Tierarzt um Rat.

▶ Auch wenn Sie Urlaub haben und sich viel Zeit für den jungen Hund nehmen können, sollte der Welpe das Alleinsein schon Schritt für Schritt lernen, damit es später nicht zu Problemen kommt, wenn Sie diese Zeit nicht mehr haben.

▶ Bringen Sie dem Welpen schon die ersten Kommandos bei. In dieser Zeit lernt der Hund nämlich besonders gut. Machen Sie das in einer spielerischen Art und Weise und Sie werden erstaunt sein, was so kleine Kerlchen schon alles lernen können. (Im Anhang finden Sie entsprechende Literatur.)

▶ Lassen Sie den Welpen so weit es geht an Ihrem Leben teilhaben. Hunde sind Rudeltiere. Sie brauchen die Gesellschaft.

▶ Üben Sie mit dem Welpen zu spielen. Ein tolles Spiel kann die schönste Belohnung sein, was später in der Ausbildung wichtig ist. Sie sollten es z.B. nach einiger Zeit schaffen, den Welpen auch unter stärkerer Ablenkung 10 Sekunden in einem Spiel auf sich zu konzentrieren.

▶ Suchen Sie sich baldmöglichst eine gut geführte Hundeschule oder einen Verein, wo Sie fachliche Anleitung erhalten können. Am besten sehen Sie sich danach schon um, bevor der Welpe zu Ihnen kommt. Denn die Zeit, wenn der Welpe erst da ist, ist zu kostbar, als dass man sie durch Suchen verstreichen lassen sollte.

auch wenn die Welpen noch so süß sind oder Ihnen leid tun. Das Problem ist nämlich, dass solche Züchter auf diese Art und Weise weiter machen, solange sie Abnehmer für die Tiere finden. Im Endeffekt tun Sie sich und den Tieren also keinen Gefallen.

Haben Sie einen Welpen von einem verantwortungsbewussten Züchter, sollten Sie sich zwei bis drei Wochen Urlaub nehmen und dessen Arbeit fortsetzen. Einige Dinge sind dabei zu beachten:

▶ Sie dürfen den Welpen nicht überfordern. Am besten fragen Sie diesbezüglich in einer guten

Speziell im Hinblick auf Agility sollten Sie in der Sozialisationsperiode Folgendes beachten:

Im Spiel nutzen die Welpen sowohl Wippe als auch Tunnel ganz selbstverständlich.

- Besuchen Sie mit dem Welpen eine gut geführte Welpenspielgruppe und lassen Sie ihn so oft wie möglich Kontakt zu anderen Hunden haben.
- Gewöhnen Sie ihn schon an die Hindernisse. Das heißt nicht, dass er schon alle Hindernisse erlernen sollte, das heißt aber, dass Sie ihn vielleicht mit anderen Welpen auf einem Platz mit Agility-Hindernissen spielen lassen.
- Besuchen Sie mit ihm ein Agility-Turnier, wo er sich als »Zuschauer« an die ganze Atmosphäre gewöhnen kann.
- Spielen Sie ausgiebig mit ihm. Das Spiel ist später eine gute Möglichkeit, den Hund zu motivieren, wenn er das Spielen gelernt hat.
- Von Anfang an können Sie dem Welpen die wichtigsten Kommandos beibringen. Das kann und sollte vollkommen spielerisch vor sich gehen, ohne irgendwelchen Zwang. So lernt der Welpe zu lernen und sie haben später die besten Voraussetzungen.

Hindernisse für Welpen

Da Welpen im Verhältnis viel schneller lernen als erwachsene Hunde und da es sehr sinnvoll ist, Welpen schon auf ihre späteren Aufgaben vorzubereiten, kann man auch mit ihnen schon einzelne Hindernisse aus dem Agility üben.

Dabei sollten Sie jedoch sehr behutsam vorgehen. Das Skelett eines Welpen befindet sich noch im Wachstum. Dazu ist es noch nicht ganz verknöchert, sondern hat noch so genannte Knorpelfugen. Dieser Knorpel reagiert sehr empfindlich auf Belastungen. Es kann dadurch zu Verkrümmungen der Knochen kommen und es können Schäden

Alles, was wackelt, ist eine gute Vorbereitung für die Wippe.

Mit einem Leckerchen
wird Sascha über die
Welpenwippe gelockt.

entstehen, die nicht wieder gutzuma-
chen sind. Je größer die Hunde sind,
desto länger dauert dieser Zeitraum.

Daher sollten Sie Welpen und junge
Hunde bis zu einem Alter von einem
Jahr möglichst nicht springen lassen. Sie
sollten auch keine steilen Auf- oder Ab-
gänge üben oder keine extrem schnellen
Wendungen der Wirbelsäule, wie sie
beim Slalom verlangt werden. Je länger
Sie sich mit solchen Dingen gedulden,
desto höher sind die Chancen, dass Ihr
Hund sich bis ins hohe Alter einer guten
körperlichen Gesundheit erfreut. Das

heißt nicht, dass Sie dem Welpen jedes
Springen verbieten sollen. Wenn er mit
anderen Hunden tobt oder beim Spaziergang mal über einen Ast springt,
schadet es nichts. Aber Sie sollten solche
Sachen noch nicht gezielt trainieren.

Trotzdem kann man auch mit einem
Welpen oder einem Junghund schon einiges trainieren, um ihn möglichst optimal auf seine Aufgaben als Agility-
Hund vorzubereiten.

Wir wollen Ihnen hier einige Hindernisse vorstellen, die ruhig schon in
einer Welpenspielstunde eingebaut
werden können.

DIE WELPENWIPPE ▶   Schon acht
Wochen alte Welpen können dieses
Hindernis bewältigen. Dafür wird eine
Schaltafel auf ein nicht zu dickes Rund-

holz gelegt. Diese Wippe kann im Auslauf stehen, so dass die Welpen im Spiel selbstständig darüber laufen. Sie kann dem Welpen aber auch gezielt als Aufgabe gestellt werden, indem er mit Leckerchen oder Spielzeug darüber gelockt wird. Eventuell kann man einen schon etwas mutigeren Welpen die Aufgabe vormachen lassen.

So lernt der Welpe schon kennen, dass sich unter ihm etwas bewegen kann, dass das aber nicht gefährlich ist, sondern sehr viel Spaß machen kann. So können auch andere leicht wackelige Untergründe, wie z.B. ein auf einer Matratze liegendes Brett oder eine Fahrt in einer Schubkarre eine gute Vorbereitung für die Wippe sein. Auch für die Welpen gilt, dass Sie die Aufgaben nur so schwer machen sollten, dass die Kleinen sie auch ziemlich sicher bewältigen können. Denken Sie auch daran, dass alles ein Spiel sein sollte. Der Welpe sollte vor lauter Spielen gar nicht merken, dass er eigentlich ausgebildet wird.

STANGENMIKADO ▶ Auch das Stangenmikado, wie wir es schon auf S. 16 beschrieben haben, ist ein schönes Hindernis, das wieder entweder im Welpenauslauf von den Welpen selbstständig erkundet werden kann (natürlich unter Aufsicht!) oder gezielt als Übung gestellt werden kann. Ziel sollte dabei sein, den Welpen so langsam wie möglich darüber zu führen. Der Welpe lernt damit, Gefühl für seine Beine zu bekommen und er lernt außerdem, dass es nicht gefährlich ist, wenn sich mal eine Stange bewegt. Scheinbar so einfache Aufgaben haben eine enorme Wirkung im Lernverhalten der Hunde. Sie sollten sie daher nicht unterschätzen.

HINDERNISSTÄNDER ▶ Die Hindernisständer können zunächst zum Kennenlernen im Welpenauslauf stehen. Als Übung können die Welpen mal zwischen zwei Hindernisständern hindurchgerufen werden. Diese Übung kann man mit einem Junghund so weit ausbauen, dass er im Prinzip schon all die Übungen lernt, die er später im Parcours kennen sollte:

▶ Rufen Sie ihn ab, zwischen den beiden Ständern hindurch
▶ Schicken Sie den Hund durch die Ständer hindurch
▶ Laufen Sie neben dem Hund, er zwischen den Ständern durch, Sie daran vorbei
▶ Üben Sie das auf beiden Seiten
▶ Sie können den Hund auch schon in unterschiedlichen Winkeln durch die Ständer abrufen oder hindurchschicken, usw.

Sogar das Dirigieren mit immer feinerer Körpersprache können Sie schon üben. All das sollte aber sehr spiele-

Michelle führt Runa durchs Stangenmikado.

Ronja wird von ihrem Frauchen durch die Hindernisständer abgerufen und hält das für ein tolles Spiel.

Auch wenn eine Decke zwischen den Ständern gespannt ist, bereitet das der kleinen Hündin keine Probleme: eine gute Vorübung für den Sacktunnel.

risch und ohne irgendeinen falschen Ehrgeiz vor sich gehen. Und auf Sprünge wird dabei verzichtet, am besten sogar bis der Hund ein Jahr alt ist, bei großen Rassen besser sogar noch länger. Die Hindernisstangen können bei diesen Übungen aber auf dem Boden liegen. Wenn der Hund dann das richtige Alter hat, wird er ganz schnell lernen, auch die Stangen zu überspringen, wenn diese höher gelegt sind und er körperlich ohne Risiken für seine Gesundheit dazu fähig ist. Lernen Sie also, Ihren Ergeiz zu zügeln. Überfordern Sie einen jungen Hund nicht. Trotzdem kann er viel lernen.

TUNNEL UND SACKTUNNEL ▶ Den Tunnel können die Welpen von Anfang an bei uns spielerisch erkunden. Sie lieben es, sich dadurch nachzujagen. Meist dauert es gar nicht lang, bis sich auch ein schüchterner neuer Welpe sich durch den Tunnel traut, weil er den anderen nacheifert. So lernen die Welpen den Tunnel so ganz nebenbei. Es macht ihnen dann auch schnell nichts mehr aus, wenn der Tunnel u-förmig liegt und sie beim Hineinlaufen den Ausgang nicht sehen.

Wenn der Tunnel dann in einen kleinen Geschicklichkeitsparcours eingebaut wird, ist das für die kleinen Kerlchen gar kein Problem.

Anders machen wir es mit dem Sacktunnel. Den lassen wir den Hunden nie einfach so zum Spielen. Zu schnell könnte sich einer in dem langen Sack verheddern. Mit einer solch schlechten Erfahrung würde man einem zukünftigen Agility-Hund keinen Gefallen tun. Aber auch zu diesem Hindernis gibt es eine schöne Vorübung. Eine auf einem Ständer oder zwischen zwei Stühlen aufgehängten Decke leistet da gute Dienste.

Da können die Welpen beim Fangenspielen durchlaufen. Sie gewöhnen sich dadurch schon daran, dass die Decke über ihren Rücken rutscht. Wenn die Decke immer länger gelassen wird, lernen die Welpen auch, dass sie erst einige Zeit unter der Decke laufen müssen, bevor sie wieder darunter hervorkommen. Auf diese Weise sind die jungen Hunde später bestens für den Sacktunnel vorbereitet.

REIFEN ▶ Im Welpenauslauf befindet sich bei uns auch ein Reifen, der im Boden verankert ist und von den Welpen gerne z.B. beim Fangenspielen durchlaufen wird. Wenn die kleinen Kerle den Reifen auf diese Art schon kennen, ist es dann später kaum noch ein Problem, sie daran zu gewöhnen, durch einen hängenden Reifen zu springen.

MINILAUFSTEG ▶ Eine gute Vorübung für den Laufsteg ist wie schon auf Seite 28 beschrieben die Leiter, die auf dem Boden liegt, und die Welpen werden möglichst langsam darüber geführt, so dass sie ihre Pfoten irgendwo zwischen den Holmen aufsetzen.

Das so gewonnene Körpergefühl kann dann auf einem Minilaufsteg getestet werden. Dazu wird einfach eine genügend breite Bohle zuerst auf den Boden gelegt und die Welpen können darüber laufen. Anschließend wird diese Bohle etwas erhöht, z.B. indem sie an beiden Enden mit Getränkekisten unterbaut wird. Entweder bauen Sie dem Welpen auch noch einen Auf- und einen Abstieg, die aber jeweils schön flach sein sollten, oder Sie heben ihn einfach auf die Bohle und locken ihn dann darüber.

Das Hochheben und Tragen eines Welpen ist übrigens auch eine sehr sinnvolle Übung, die eigentlich jeder Hund beherrschen sollte. Auch mit später großen Hunden kann und sollte man das in der Welpenzeit ruhig üben.

Gewöhnen Sie Ihren jungen Hund sehr langsam und spielerisch zunächst daran, dass Sie ihn in die Arme nehmen. Belohnen Sie ihn, solange er schön ruhig hält. Steigern Sie die Anforderungen langsam. Sollte der Welpe mal anfangen zu zappeln, weil Sie vielleicht doch zu schnell vorgegangen sind, dürfen Sie das nicht belohnen,

indem Sie ihn herunterlassen. Halten Sie ihn dann fest, bis er wieder ruhig ist. Erst dann darf er mit großem Lob herunter.

So lernt Ihr Welpe schnell, dass es nichts Schlimmes ist, wenn er hochgehoben wird. Sie können ihn dann ohne Probleme auf die hochgelegte Bohle setzen und auch am Ende wieder herunterheben. Auf der Bohle achten Sie bitte darauf, dass der Kleine unter keinen Umständen abspringt oder gar herunterfällt. Dazu müssen Sie ihn nicht krampfhaft festhalten. Sie sollten aber sehr wachsam und konzentriert sein.

Oben: Spielerisch lernen die Welpen auch den Reifen kennen.

Unten: Runa geht sicher über die Bohle.

TISCH ▶ Den Welpen auf einen Tisch zu setzen, ist schon eine gute Übung für die Besuche beim Tierarzt. Daher sollte das eigentlich jeder Welpe kennen lernen, auch einer, der später kein Agility-Hund wird.

Machen Sie auch diese Übung zunächst spielerisch. Erst wenn der Welpe ganz sicher auf dem Tisch ist, können Sie auch schon mal einige Handgriffe einer Untersuchung nachahmen, wie z.B. den Blick in die Ohren oder ins Maul, mit den Fingern die Pfoten und die Zwischenräume der Ballen abtasten, usw.

Wenn der junge Hund schon mit Bohle und Tisch vertraut ist, können

Sie ihn auch über die Bohle auf den Tisch hinauflaufen lassen. Allerdings sollte der Tisch hierfür auf die niedrigste Stufe eingestellt sein. Dort kann er dann das Hochlaufen üben und auch wieder herunterlaufen.

In so jungem Alter sollte der Hund natürlich noch nicht von alleine auf den Tisch springen und auch nicht herunter. Aber wenn er mit diesem Gerät vertraut ist, ist das später eine ganz leichte Übung.

DIE SLALOMGASSE ▶ Den Slalom selber sollten Sie mit einem Welpen noch nicht trainieren. Aber er kann durchaus schon lernen, durch die auf Seite 45 beschriebene Slalomgasse zu flitzen. So kann er die Gasse schon mit Spaß und Schnelligkeit verknüpfen. Sie können ihn z.B. durch die Gasse rennen lassen, um zu seinem Spielkamerad zu kommen. Das macht sehr viel Spaß. So lernt der Welpe, wieder spielerisch, ein sehr wichtiges Kriterium im Slalom kennen, nämlich die Geschwindigkeit. Wenn Sie dann mit 1,5 Jahren die Stangen in der Gasse langsam enger stellen, sollte der junge Hund dieses Gerät relativ schnell lernen.

▶ Weitere sinnvolle Vorbereitungen für einen zukünftigen Agility-Hund

Schon den Welpen können Sie auf den Klicker konditionieren, damit für Sie beide diese Art der Verständigung später schon bekannt ist. Überhaupt gilt: Je besser Sie und der Hund sich verstehen, desto besser werden Sie später alle Herausforderungen meistern. Üben Sie daher auch schon mit Ihrem Welpen, dessen Körpersprache zu verstehen.

Sascha rast schon wie es sich gehört durch die Slalomgasse.

Diese beiden lernen von Anfang an, sich in Turnieratmosphäre zu entspannen.

Wenn Sie den Welpen viel an Ihrem Leben teilhaben lassen und auch viele Ausflüge mit ihm machen, lernt er vielleicht schon, sich überall zu entspannen oder auch überall schlafen zu können. Auch das ist eine sehr gute Vorbereitung auf ein eventuelles späteres Turnierleben. Ein Hund, der sich überall entspannen kann, auch wenn rundherum eine Menge los ist, hat so manche Vorteile.

Ein zukünftiger Agility-Hund lernt am besten auch schon von Anfang an, dass er mal in einer Hundebox warten kann. Das braucht er nicht nur später auf eventuellen Turnierwochenenden, sondern kann direkt von Anfang an gute Dienste leisten beim Training der Stubenreinheit oder des Alleineseins. Der junge Hund sollte anfangs nur in seine Kiste kommen, wenn er müde und ausgetobt ist. Er sollte darin gefüttert werden und einige schöne Spielsachen bei sich haben. So lernt er die Kiste von Anfang an als einen tollen Ort kennen. Natürlich sollte er anfangs

nie stundenlang darin eingesperrt sein! Aber schon für ein minutenlanges Alleinsein, das jeder Welpe schon bald lernen sollte, leistet eine Hundebox gute Dienste.

Wie Sie sehen, kann man auch mit einem Welpen schon sehr viel in Richtung Agility machen, ohne dass man ihn über die eigentlichen Hindernisse schicken muss. Ein so vorbereiteter Junghund hat es später natürlich um einiges einfacher in der Ausbildung als einer, der bei Null anfängt.

Wichtig ist mit einem Welpen, dass Sie sich in Geduld üben und möglichst jeden Ehrgeiz auf der Seite lassen können. Auch wenn Sie das noch nicht können: Man kann es lernen! Und je besser Sie diese ach so menschlichen Eigenschaften unter Kontrolle behalten können, desto mehr Erfolge werden Sie später haben und desto länger wird die Freude an und mit Ihrem Hund sein. Denken Sie immer daran: Sie haben noch ein ganzes Hundeleben lang vor sich!

Gesundheit und Fitness

▶ **Körperliche Voraussetzungen**
Jeder, der mit seinem Hund Sport
treibt, sollte sich einige Gedanken über
die körperlichen Voraussetzungen machen, die sein Hund mitbringt. Ist der
Hund überhaupt für diesen Sport geeignet oder schadet er dem Hund eher,
als dass er der Gesundheit dienlich ist?
Dabei kommt es sicherlich auch immer
auf die Intensität an, mit der man vor-
hat, in eine sportliche Beschäftigung
einzusteigen. Gerade beim Agility
kommt man aber schnell an eine gewisse Grenze, weil z.B. Sprünge für manche Hunde sehr belastend sein können.
Dabei sind natürlich in erster Linie
Hunde mit HD-Problemen betroffen;
und diese oder ähnliche Krankheiten
im Skelettsystem sind ja gar nicht so
selten. Generell muss gesagt werden,
dass der Agility-Sport nur etwas für gesunde Hunde ist!

TIPP

*Jeder Hund, der ernsthaft ins Agility-
training einsteigt, sollte auf Hüft-
gelenksdysplasie untersucht sein!*

Im Einzelfall und je nach Ambitionen
sollten Sie mit Ihrem Tierarzt abklären,
ob Sie eventuell auch mit einem Hund
mit leichter HD wenigstens Teile dieses
Sports betreiben können, um den
Hund sinnvoll zu beschäftigen. In dem

Kapitel «Agidience» – die Alternative
für Hunde mit Handicap (siehe S. 106f.)
stellen wir Möglichkeiten vor, die weit-
gehend auf die extrem belastenden
Dinge verzichten, so für fast jeden
Hund geeignet sind und dennoch sehr
viel Spaß machen können.

Wenn aber überlegt wird, ob ein bestimmter Hund für diese Sportart geeignet ist, darf man nicht nur nach der
Gesundheit des Hundes gucken, wie
sie im Augenblick ist, sondern man
muss auch im Auge haben, was passieren könnte, wenn ein bestimmter
Hund diesen Sport ausübt.

So sind z.B. für Hunde mit extrem
langen Rücken, wie z.B. Dackel, Sprünge um ein Vielfaches belastender als für
Hund mit einer Rückenlänge, die in
ausgewogenem Verhältnis zur Körper-
größe steht. Das muss nicht heißen,
dass Dackel absolut ungeeignet für
Agility sind, aber Sie sollten sich im
Klaren sein, dass ein Dackel nie dieselben Leistungen vollbringen kann wie
ein Hund von ähnlicher Größe mit einem kürzeren Rücken. Und das Risiko,
dass es zu Problemen kommt, ist um
einiges höher. Wenn Sie deshalb auch
mit einem solchen Hund Agility betreiben wollen, raten wir auch hier, dass
nur unter Aufsicht Ihres Tierarztes zu
machen und eben nur just for fun und
nicht mit irgendwelchen ehrgeizigen
Ambitionen.

Für einen Dackel können Sprünge viel belastender sein als für einen Hund mit im Verhältnis kürzerem Rücken.

Ähnliches gilt im Prinzip für Hunde mit sehr steilen Stellungen der Knochen in den Beinen. Die Knochen in den Beinen sind beim Hund im Gegensatz zu uns Menschen winkelig angeordnet. In den Vorderextremitäten fehlt dem Hund auch das Schlüsselbein als knöcherne Verbindung des Beines zum Rumpf. Stattdessen ist der Rumpf nur über Muskeln mit dem Vorderbein verbunden. Dadurch und durch die winkelige Anordnung der Knochen kann der Druck, der z.B. bei Sprüngen entsteht, einigermaßen abgefangen werden. Ist diese Winkelung in den Knochen jetzt z.B. extrem steil, wie es z.B. beim Chow Chow der Fall ist, ist diese Abfederung nicht mehr so möglich und die Belastung der Gelenke ist wiederum um ein Vielfaches höher als die Belastung bei einem Hund mit optimaler Winkelung. Dasselbe gilt für das andere Extrem, wenn die Winkelung zu stark ist, wie es zum Teil bei den Deutschen Schäferhunden der Fall ist.

Eine extrem flache Stellung der Schulter oder auch des Oberschenkelknochens ermöglicht zwar einen sehr raumgreifenden Gang, Sprünge verursachen jedoch wieder eine viel höhere Belastung in den Gelenken, als eben bei Hunden mit einer optimalen Winkelung der Gelenke.

Das alles sollten Sie beachten, wenn Sie sich ernsthaft mit diesem Sport befassen wollen. Denn schließlich sollte bei allem Sport immer das Wohl der Tiere an erster Stelle stehen.

Ein weiteres wichtiges Kriterium, das es zu überdenken gilt, ist das Gewicht der Tiere. Jedes Gramm Übergewicht bedeutet eine unnötige Belastung für die Gelenke. Es wäre deshalb sehr unfair dem Hund gegenüber, wenn Sie ihn mit Übergewicht über die Hindernisse jagen würden. In einem solchen Fall ist zunächst eine Diät angesagt, vielleicht in Verbindung mit einem allgemeinen Fitnesstraining. Besprechen Sie auch das möglichst mit Ihrem Tierarzt.

Die körperlichen Voraussetzungen bedingen auch, dass Sie ein Training langsam aufbauen sollten. Der Körper des Hundes muss sich erst an diese neue Belastung gewöhnen und sich mit all seinen Systemen darauf einstellen. Als Beispiel sei zunächst einmal der Knochenapparat erwähnt. In den Knochen finden ständige Umbauprozesse statt, was den meisten Menschen kaum bewusst ist, weil die Knochen so starr und unveränderlich erscheinen. Dieser Schein trügt jedoch. Indem immer wieder nicht so passendes Knochengewebe ab- und ein den Anforderungen angepassteres aufgebaut wird, kann der Knochen sich mit der Zeit verändern, um z.B. einen stärkeren Zug des Muskels, der an ihm befestigt ist, auszuhalten.

Als nächstes Beispiel dient der Muskelapparat. Jeder weiß, dass man einen Muskel trainieren kann. Er wird dann an Volumen zunehmen und entsprechend stärker. Aber auch das braucht seine Zeit und funktioniert nicht von heute auf morgen.

Dasselbe gilt im Prinzip für den Kreislaufapparat, genauso wie für das Nerven- oder Stoffwechselsystem. All diese Strukturen können sich eigentlich in bewundernswerter Weise neuen Herausforderungen (in gewissen Grenzen!) anpassen. Aber all das braucht seine Zeit, und es wäre sehr unvernünftig, von einem Hund etwas zu fordern, zu dem er rein körperlich noch gar nicht in der Lage ist. Bauen Sie jedoch das Training gemäß der körperlichen Entwicklung auf, haben Sie die besten Voraussetzungen geschaffen, den Hund auf optimale Leistungen vorzubereiten und Verletzungen bestmöglich zu vermeiden.

Das hier beschriebene gilt natürlich in besonderem Maße für Welpen, wie wir es in dem Kapitel «Welpen und Agility» (siehe S. 87) schon beschrieben haben.

Außer diesen allgemeinen körperlichen Voraussetzungen und Vorbereitungen für diesen Sport spielen auch noch die direkten Vorbereitungen vor dem Training oder vor dem Wettkampf eine wichtige Rolle. Jedem sollte klar sein, dass man nicht zu körperlichen Höchstleistungen fähig ist, wenn man gerade aus dem Auto ausgestiegen ist. Der Körper muss erst aufgewärmt werden. Dasselbe gilt im Prinzip auch für Hunde. Auch sie müssen ihren Bewegungsapparat erst auf eine «optimale Betriebstemperatur» bringen. Prinzipiell geht das auf zwei Wegen, nämlich durch eine aktive oder eine passive Erwärmung der Muskulatur.

Die wohl gebräuchlichste und auch sinnvollste Art und Weise ist die aktive Erwärmung eben dadurch, dass sich der Hund bewegt. Machen Sie also vor jedem Training oder Wettkampf erst

einmal einige leichtere Übungen, angefangen mit einem flotten Bei-Fuß-Gehen, einigen kurzen Laufabschnitten, z.B. indem der Hund ein Spielzeug apportieren soll, und schließlich auch einige spezielle Vorbereitungen, wie z.B. ein Slalom durch die Beine oder ein Sprung über Ihre Arme. Diese Übungen schön langsam durchgeführt, ohne einen Druck an Geschwindigkeit sind optimale Vorbereitungen für das, was

Vor jedem Training sollte ein Aufwärmen durchgeführt werden, so wie hier mit einem gemeinsamen Joggen durch den Parcours.

Ein Slalom durch die Beine ist eine gute Vorübung für den Slalom im Parcours.

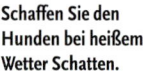

Schaffen Sie den Hunden bei heißem Wetter Schatten.

dann im Training auf den Hund zukommt. Nicht nur körperlich sondern
auch geistig wird der Hund so auf die
vor ihm liegende Aufgabe vorbereitet.
Ihre Arme und Ihre Beine haben Sie
überall dabei, so dass Sie für diese
Übungen auch keine spezielle Ausrüs-
tung brauchen.

Eine mögliche passive Erwärmung
ist z.B. die Massage, die wir auf Seite
103 vorstellen.

Warum ist dieses Aufwärmen vor
dem Einsatz der Hunde so wichtig?
Das hat mehrere Gründe. Während des
Aufwärmens werden die Muskeln vermehrt durchblutet. Das hat eine ganze
Menge Vorteile: Wenn die Muskeln gut
durchblutet sind, sind sie nicht so anfäl-
lig für Verletzungen. Außerdem brauchen die Muskeln, wenn sie Leistung
bringen sollen, Nährstoffe und Sauer-
stoff. All das wird natürlich schneller
und in größerer Menge antransportiert,
wenn mehr Transportmöglichkeiten da
sind. Für die Transportmöglichkeiten
sorgt aber das Blut. Je mehr Blut also da

ist, desto mehr kann der Muskel leisten.
Bei einer gewissen Temperatur laufen
die Stoffwechselvorgänge auch besser.
Eine reichliche Blutversorgung sorgt
aber nicht nur für eine gute Anlieferung
von Nährstoffen, sondern auch für einen guten Abtransport von Abfallstof-
fen. All das ist für eine optimale Leistung des Organismus wichtig. Aus all
diesen Gründen ist ein Aufwärmen vor
dem Start nicht nur für eine gute Leistung wichtig, sondern auch für das
Wohlergehen des Hundes. Das trifft
natürlich ganz besonders für einen so
rasanten Sport wie Agility zu. Daher
sollten Sie Ihrem Hund vor jedem Start
eine viertel Stunde Aufwärmübungen
gönnen. Die Intensität, in der Sie dabei
vorgehen, richtet sich nach der Fitness
des Hundes. Bei einem noch nicht so
fitten Hund wird man das Aufwärmen
eher langsam angehen, einen gut trai-
nierten kann man währenddessen
schon mehr fordern. Generell gilt, dass
das Aufwärmen natürlich nicht zur Er-
müdung führen sollte.

Nach der körperlichen Anforderung sollten Sie dem Hund auch wieder eine Zeit für die Abkühlung gönnen, bevor Sie ihn wieder wegsperren. Auch dafür eignen sich einige etwas langsamere Übungen, eventuell sogar in Verbindung mit einer anschließenden Entspannungsmassage. Der Körper kann sich dadurch wieder viel schneller regenerieren. In dieser Abkühlphase kann sich der Herzschlag wieder langsam normalisieren. Auch dabei können Abfallstoffe noch gut mit dem Blut aus den Muskeln abtransportiert werden. So fühlt sich der Hund viel schneller wieder wohl.

Ein wichtiger Unterschied der Hunde zu uns ist, dass Hunde nicht über die Haut schwitzen können. Sie schwitzen nur an den Fußballen, während der restliche Wärmeaustausch über das Hecheln funktioniert . Daher sind Hunde viel anfälliger für eine Überhitzung als Menschen. Achten Sie bei warmen Wetter unbedingt darauf, und lassen Sie den Hund auch nicht zu lange in der prallen Sonne, sondern sorgen Sie dafür, dass er ein schattiges Plätzchen hat.

▶ **Fitnesstraining**
Um den Hund weiterhin optimal in seinen sportlichen Leistungen zu unterstützen, ist neben dem eigentlichen Agility ein allgemeines Fitnesstraining angesagt. Das gilt übrigens für Sie genauso wie für den Hund, denn auch als Mensch muss man beim Agility einiges an Leistung bringen.

Sehr gut für die Fitnesssteigerung sind zum Beispiel Ausdauerübungen wie Joggen oder Fahrradfahren. Schwimmen ist eine optimale Möglichkeit, den Herz-Kreislaufapparat zu trainieren, ohne dass die Gelenke des Hundes belastet werden. Auch ausgiebige Spaziergänge sind sehr sinnvoll. Sie können z.B. dabei auch mal mit dem Hund in den Wald gehen, ihn durchs Unterholz springen lassen (am besten in Absprache mit dem Förster oder Jagdpächter). Auch sonst findet

Radfahren ist eine gute Möglichkeit, die Ausdauer zu trainieren.
Beim Schwimmen werden Herz und Kreislauf trainiert, ohne die Gelenke zu belasten.
Überall finden sich Gelegenheiten, den Hund für den Sport zu trainieren.
Das macht einen Spaziergang auch viel spannender als einfach nur zielloses Laufen.

Beate und Jacqueline zeigen uns hier Übungen, die hervorragend die unterschiedlichsten Muskelpartien der Hunde trainieren.

man auf Spaziergängen vielfältige Möglichkeiten, den Hund mal springen zu lassen oder ihn über solche Untergründe zu schicken, bei denen seine Koordination trainiert wird.

Ein Apportieren am Hang ist auch ein gutes Ausdauer- und auch Krafttraining. Lernen Sie Ihren Hund wirklich als Sportler zu sehen, der die ganze Woche über etwas für seine Fitness tun muss, nicht nur samstags beim Training.

Menschliche Sportler trainieren speziell ihre unterschiedlichen Muskelgruppen. Dem Hund kann man das nicht so genau sagen, was er da machen soll. Allerdings haben wir auch mit den Hunden eine Möglichkeit, unterschiedliche Muskelpartien zu trainieren und zwar dadurch, dass wir ihm unterschiedliche Bewegungen beibringen. So kann der Hund lernen, sich im Kreis um die eigene Achse zu drehen. Dabei wird die Wirbelsäule maximal gebogen. Gut ist, wenn man das dem

Hund in beide Richtungen lehrt. Ebenso ist ein Kullern über den Boden sehr sinnvoll.

Auch kann der Hund lernen, seinen Ober- bzw. Vorderkörper aufzurichten, entweder aus dem Sitzen oder aus dem Stehen.

So sind im Prinzip all die Übungen, die der Hund z.B. beim Dogdancing lernt, eine sehr schöne Möglichkeit, viele unterschiedliche Muskelgruppen zu trainieren und den Hund damit auch optimal auf seine Aufgaben im Agility vorzubereiten.

Das gute Körpergefühl, was er dadurch gewinnt, bietet ihm einige Vorteile im Agility.

Außerdem fordern solche Übungen sehr gut die Konzentration und die Verständigung zwischen Hund und Mensch, wovon beide dann im Sport profitieren können.

Nicht nur der Körper, auch der Geist wird immer fitter, getreu dem alten Spruch: Mens sana in corpore sane.

► Ernährung

Die Ernährung möchten wir hier nur ganz kurz ansprechen. Es gibt einiges an Literatur darüber oder Sie können sich wieder bei Ihrem Tierarzt informieren. Als Informationen möchten wir Ihnen hier nur einige Richtlinien für ein optimales Körpergewicht des Hundes geben.

Als normaler Ernährungszustand gilt, wenn der Rippenbogen noch schwach in Konturen sichtbar und wenn er gut fühlbar ist, was natürlich auch von Rasse und Felllänge abhängig ist. Der Hund gilt als korpulent, wenn der Rippenbogen eben nicht mehr sichtbar oder nur noch bei starkem Druck fühlbar ist.

Ein korpulenter Hund sollte dringend diäten, bevor er mit Agility anfängt.

Auch braucht der Hund nicht bedeutend mehr Futter, wenn er trainiert wird. Natürlich kann man das schwer verallgemeinern. Für den einen ist es schon viel, wenn der Hund eine Stunde am Tag etwas tut, was für den anderen als eher wenig gilt, weil er normal mindestens drei Stunden mit seinem Hund spazieren geht oder trainiert. Das beste Maß für die Futtermenge ist der Ernährungszustand Ihres Hundes.

Achten Sie auf ein qualitativ hochwertiges Futter. Damit ist nicht unbedingt ein teures Futter gemeint, sondern eines, was keine Geschmacks- und Konservierungsstoffe enthält, die den Körper nur unnötig belasten. Auch ansonsten sollten die Zutaten erstklassig sein und nicht irgendwelche Abfallprodukte, wie z.B. Tierkörpermehle.

Die handelsüblichen Alleinfuttermittel sind in ihren Mineralstoffanteilen normalerweise ausgeglichen. Wenn Sie selber kochen, sollten Sie die Mineralstoffversorgung beachten. Lassen Sie sich am besten von einem Fachmann beraten. Seien Sie jedoch kritisch, wenn es sich dabei um einen Futtermittel-Vertreter handelt.

► Massage

Wie weiter oben schon beschrieben, ist die Massage eine sehr sinnvolle Art, die Muskulatur des Hundes passiv zu erwärmen. Das kann zwar ein aktives Aufwärmen nicht ersetzen, jedoch sehr gut unterstützen.

Außerdem hat eine Massage noch weitere nützliche Auswirkungen:
► Sie verbessert das Wohlbefinden des Hundes
► Die Leistungsbereitschaft des Hundes wird erhöht
► Sie hilft, Verletzungen vorzubeugen
► Sie unterstützt die Regeneration des Hundekörpers nach der Belastung
► Durch die Massage lernen Sie Ihren Hund immer besser kennen

Sie hat so viele positive Auswirkungen, dass wir Ihnen hier kurz einige Möglichkeiten der Massage vorstellen wollen. Denn schon mit wenigen Handgriffen können Sie Ihrem Hund eine Menge Gutes tun.

Ein so korpulenter Hund muss erst abnehmen, bevor er mit Agility anfängt.

**Eine Massage hat
viele Vorteile.**

Was ist Massage? Bei der Massage wird die Haut, das Bindegewebe oder die Muskulatur des Hundes mechanisch behandelt, indem Sie mit den Händen bestimmte Bewegungen durchführen. Dadurch wird das betroffene Gewebe vermehrt durchblutet und entspannt oder gelockert. So werden optimale Voraussetzungen für eine spätere Leistung geschaffen.

Wir unterscheiden hier eine Aufwärmungsmassage und eine Entspannungsmassage. Prinzipiell kann man beide mit denselben Griffen durchführen, die bei der ersten nur deutlich schneller durchgeführt werden. Führen Sie daher die vorgestellten Bewegungen erst langsam durch, bis Sie sie beherrschen. Danach können Sie sie schneller durchführen und haben somit die Möglichkeiten, anregend oder entspannend auf den Hund einzuwirken, je nach Situation und je nach Verhalten des Hundes.

**Mit dem Daumen
wird der lange
Rückenmuskel
behutsam leicht
verschoben.**

Hier noch ein wichtiger Hinweis: Mit den hier vorgestellten Bewegungen können Sie eigentlich nichts falsch machen. Sie dienen auch nur dazu, Ihrem gesunden Hund zusätzliches Wohlbefinden zu verschaffen. Sollte Ihr Hund

Abwehrbewegungen zeigen oder zu erkennen geben, dass er Schmerzen hat, suchen Sie bitte umgehend Ihren Tierarzt auf. So hilft Ihnen die Massage, eben auch eventuelle Störungen frühzeitig zu erkennen. Die Massage, wie wir sie Ihnen hier zeigen, ist nicht dazu gedacht, etwaige Krankheiten zu behandeln!

Als Vorbereitung suchen Sie sich einen bequemen Platz, wo sowohl Sie als auch der Hund es sich gemütlich machen können. Der Hund kann bei einigen Massageübungen auch stehen, aber auch da sollten Sie es ihm bequem machen, indem er sich z.B. an Sie anlehnen kann oder Sie ihn mit der nicht massierenden Hand, die übrigens auch immer am Hund sein sollte, stützen.

STREICHUNGEN ▶ Mit Streichungen können Sie mit unterschiedlichen Stellungen der Hand und Finger über den Hund streichen. Dieser Massagegriff eignet sich immer gut am Anfang zur Kontaktaufnahme. Streichen Sie dabei zunächst mit der flachen Hand leicht über den gesamten Hund. Arbeiten Sie vom Kopf bis zur Schwanzspitze und vom Rumpf bis zu den Zehenspitzen. Als Nächstes können Sie den Rücken des Hundes etwas kräftiger mit gespreizten Fingern ausstreichen. Beginnen Sie dabei hinter dem Kopf und

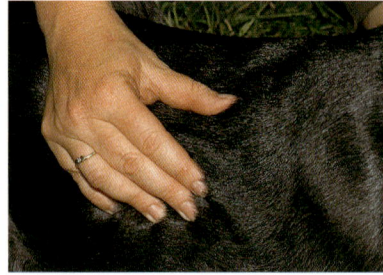

führen Sie die Bewegung bis zum Schwanzansatz. Am zweckmäßigsten steht der Hund dabei vor Ihnen. Machen Sie eine solche Streichung jeweils auf beiden Seiten der Wirbelsäule. Dadurch wird der lange Rückenmuskel vermehrt durchblutet. Um das zu unterstützen, können Sie als Nächstes versuchen, diesen Muskel leicht zu verschieben. Dafür legen Sie z.B. Ihre rechte Hand auf die rechte Rückenseite des Hundes, wobei Sie entspannt links neben Ihrem Hund stehen oder hocken. Ihr Daumen liegt dabei parallel zur Wirbelsäule. Mit der Außenkante vom Daumen üben Sie jetzt leichten Druck in die Tiefe aus, so als ob Sie etwas verschieben wollten. Die anderen Finger halten leicht dagegen. Hiermit bekommen Sie ein gutes Gespür für den Spannungszustand des Rückenmuskels. Vielleicht können Sie so auch verfolgen, wie er sich im Laufe des Trainings entwickelt. Streichen Sie als Nächstes mit leichtem Druck in den Zwischenräumen zwischen den Rippen. (Sollten Sie die Rippenzwischenräume nicht fühlen, ist eine Diät angesagt!)

So können Sie mit unterschiedlich starken Streichungen den ganzen Körper bearbeiten. Für etwas festere Streichungen wird die Hand hohl geformt und Sie üben mit Handballen und Daumen einen etwas stärkeren Druck auf das tiefer liegende Gewebe aus. Der Druck sollte immer nur so stark sein, dass er für den Hund angenehm ist. Das gilt übrigens für alles, was wir Ihnen hier vorstellen. Wenden Sie diese festeren Streichungen auch nur auf größeren Muskelpartien an, wie z.B. Rücken, Schulter und Oberschenkel. Der übrige Körper wird nur mit leichten Streichungen behandelt. Auch

wenn hier von «festeren Streichungen» die Rede ist, brauchen Sie hierbei keine Gewalt anzuwenden. Eher das Gegenteil ist der Fall. Leicht bedeutet, dass Sie gerade so viel Druck ausüben, wie eine 1-Euro-Münze, die Sie sich auf Ihren Handrücken legen. Der Druck ist also wirklich minimal. Festerer Druck ist dann eben etwas mehr, aber es muss immer angenehm für den Hund sein.

ZIRKELUNGEN ▶ Bei der Zirkelung bewegen Sie die Finger kreisförmig über die Haut des Hundes. Auch damit können Sie mit nur sehr leichtem Druck behutsam in die Tiefe bis zu den Muskeln vordringen. Auch die Rippenzwischenräume können Sie wieder auf diese Art bearbeiten, wobei Sie Ihre gespreizte Hand in kreisenden Bewegungen ohne Abzusetzen von oben in den Rippenzwischenräumen nach unten gleiten lassen.

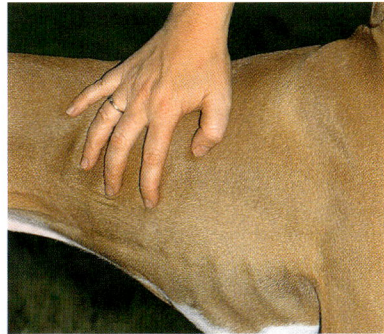

Zirkelungen im Zwischenrippenbereich unterstützen die Atmungsmuskulatur.

HEBUNGEN ▶ Bei den Hebungen wird mit der flachen Hand ein bestimmter Hautbereich nach oben geschoben und dann wieder locker gelassen.

Diese Bewegung, die in ähnlicher Form auch beim Tellington-TTouch als Pytonheber bekannt ist, ist hervorragend für die Arbeit an den Beinen ge-

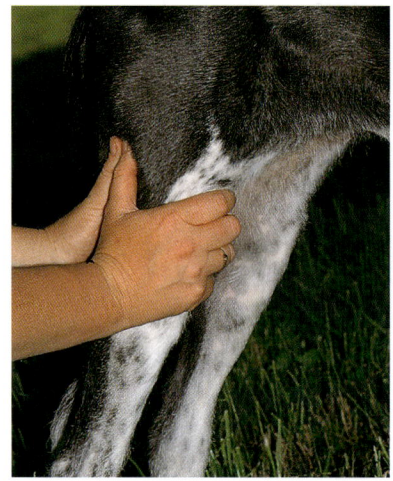

Hebungen an den Hinterbeinen fördern ganz besonders das Körpergefühl.

eignet. Sie arbeiten wieder von oben nach unten, also vom Rumpf bis zu den Zehen. Außer dass durch diese Berührungen das unter der Hand liegende Gewebe vermehrt durchblutet wird, was auf diese Weise auch eine sehr schonende Behandlung der Gelenke darstellt, fördern diese Hebungen noch in besonderem Maße das Körpergefühl des Hundes. Er lernt damit auch schön, seine Hinterbeine wahrzunehmen.

Ganz zum Abschluss streichen Sie noch einmal von vorne nach hinten und von oben nach unten über den gesamten Hund.

Eine Hebung des Brustbeins erfolgt so leicht, dass man gerade ein leichtes Anheben des Rückens sieht. Eine gute Übung für die Wirbelsäule.

So nach und nach werden Sie ein Gefühl für das Massieren entwickeln. Wichtig ist dabei, das Sie sich ganz auf das konzentrieren, was Sie da gerade wahrnehmen. Achten Sie auf Ihren Hund. Genießt er diesen Vorgang?

Wenn Sie mit den Gedanken ganz woanders sind, dann ersparen Sie Ihrem Hund diese Prozedur lieber. Das Wertvolle an einer Massage ist ja auch das Aufeinandereingehen. Und das ist es auch, was die Beziehung zu Ihrem Hund immer besser werden lässt neben den anderen vielen Vorteilen, die eine Massage mit sich bringt. So gehört sie bei menschlichen Sportlern ja schon fast zur Selbstverständlichkeit. Aber auch unsere vierbeinigen Sportler kommen mehr und mehr in diesen Genuss.

Sehr gut zur Unterstützung unseres vierbeinigen Sportlers ist auch der eben schon erwähnte Tellington-TTouch. Der soll hier nicht näher besprochen werden, weil es einiges an guter Literatur von Linda Tellington-Jones darüber gibt. So benutzen wir z.B. sehr gerne das von Ihr vorgeschlagene Körperband, um einem Hund mehr Gefühl für seinen Körper und mehr Sicherheit zu geben. Informieren Sie sich darüber in entsprechender Literatur.

▶ »Agidience« – die Alternative für Hunde mit Handicap

Nicht jeder Hund ist topfit und ohne irgendwelche Wehwehchen. Trotzdem haben er und sein Besitzer vielleicht Spaß am Agility. Weil auf die extremen Belastungen, wie sie bei hohen Sprüngen auftreten, beim Überqueren einer steilen A-Wand oder auch beim Slalom, verzichtet werden muss, haben wir uns seinerzeit überlegt, wie man den

Tafeln beschreiben, was an den einzelnen Stationen zu tun ist.

Parcours dennoch interessant gestalten kann. Dabei kam uns eine neue Art des Obedience-Sportes entgegen, wie Charles »Bud« Kramer aus den USA ihn als Rallye-Obedience entwickelt hat . Beim Obedience muss der Hund bestimmte Gehorsamsübungen absolvieren. Diese werden in der ursprünglichen Version dieser Sportart vom Richter jeweils bekannt gegeben. Beim Rallye-Obedience absolviert der Hund, bzw. das Hund-Mensch-Team einen Parcours, der auch durch Zahlen gekennzeichnet ist, wie beim Agility. Näheres kann man in seinem Buch »Rallye-O-Style-Obedience« nachlesen.

Von daher bot es sich für uns an, beides zu kombinieren, eben als «Agidience».

So werden die Sprünge ganz niedrig gestellt und auch deutlich in ihrer Anzahl reduziert, A-Wand und der enge Slalom fallen weg, statt dessen werden andere Aufgaben in den Parcours ein-

gebaut, die man auch gut auf Zeit machen kann oder eben auch nicht, wenn einem das nicht so wichtig ist.

Die in den Parcours eingebauten Übungen werden an der jeweiligen Stelle auf Tafeln knapp beschrieben, so dass der Mensch weiß, was zu tun ist.

Auf den Fotos auf dieser Seite geben wir Ihnen einige solcher Beispiele, die oben genanntem Buch entnommen sind und einen damit aufgebauten Beispielparcours.

Wir hoffen, Sie erhalten dadurch einige Anregungen, wie man einen Parcours interessant gestalten kann, der dann auch von Hunden genutzt werden kann, die körperlich nicht mehr ganz so fit sind. Aber nicht nur für die, auch für gesunde Hunde kann das eine gute Möglichkeit sein, Abwechslung zu schaffen, die Konzentration im Parcours zu steigern und die Verständigkeit von Hund und Mensch zu fördern.

Lisa und Darja beim Slalom im »Agidience«-Parcours

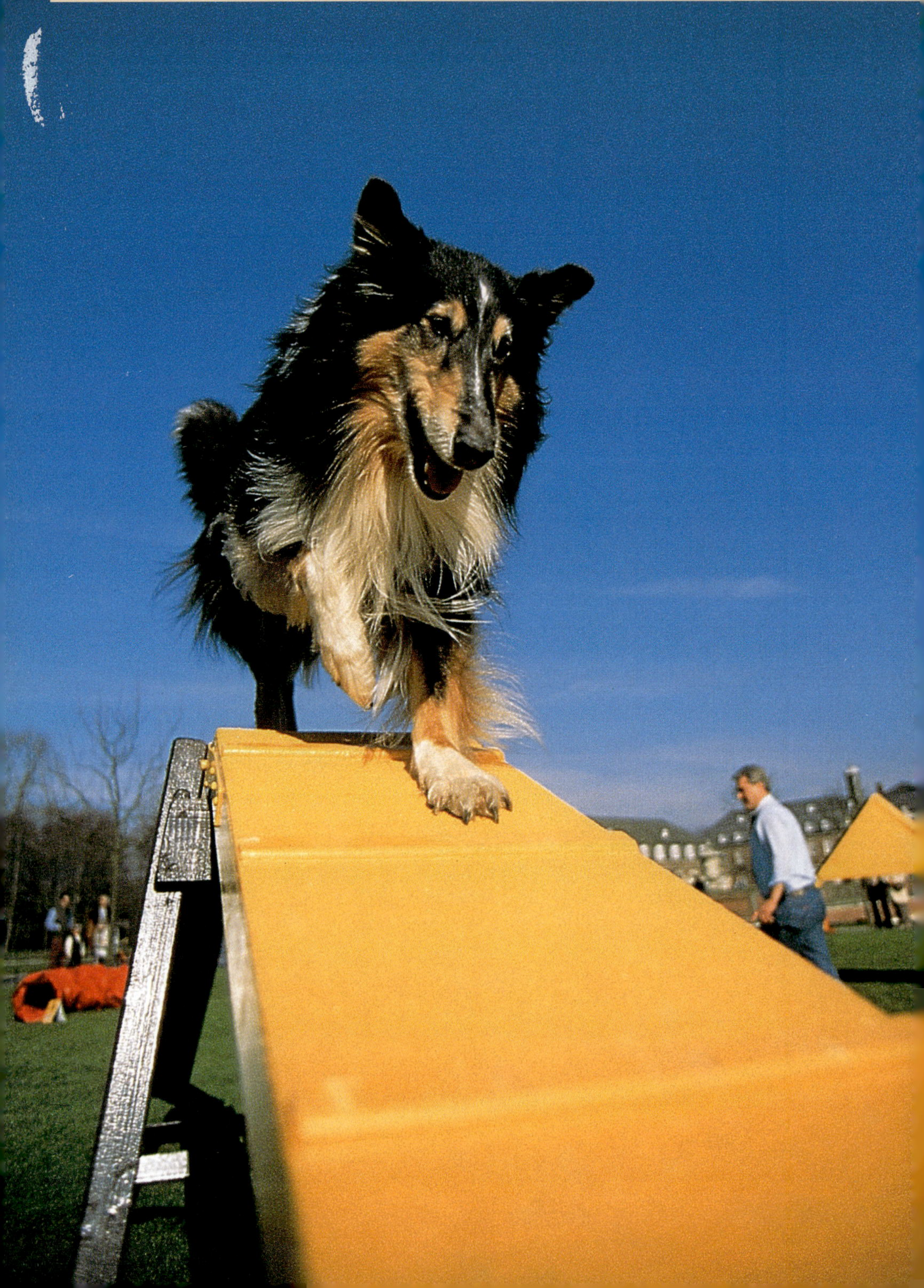

Das Turnier

▶ **Vorbereitungen**

Nach all dem Üben möchten Sie vielleicht Ihr Können mit dem anderer Teams messen. Ein Turnier bietet auch immer eine gute Möglichkeit, mal über den Tellerrand zu blicken, neue Leute und neue Ausbildungsmethoden kennen zu lernen oder eben einfach zu überprüfen, ob Sie mit Ihrer Art der Ausbildung auf dem richtigen Weg sind. Zudem bietet ein Turnier auch eine schöne Möglichkeit, sich selbst und auch seinen Hund in extremen Situationen kennen zu lernen. Oder es ist eben spannend und macht einfach nur Spaß.

Auch wenn Sie anfangs vielleicht denken »Ich will ja doch nie an Turnieren teilnehmen«, kommt vielleicht einmal die Zeit, dass Sie diese Möglichkeit doch ins Auge fassen. Oder aber Sie haben von Anfang an vor, Agility turniermäßig zu betreiben.

Damit dieses Vorhaben auch möglichst erfolgreich wird, gilt es einige Dinge zu beachten.

Zunächst einmal sollte eine solide Grundausbildung an erster Stelle stehen. Das ist zum einen für die Gesundheit des Hundes wichtig, aber natürlich auch für Ihre Erfolgsaussichten. Wenn man mit einem guten Gefühl an den Start geht, weil einem die gestellte Aufgabe vertraut ist, ist das eine viel bessere Voraussetzung, als wenn man von vornherein schon unsicher ist, weil der Hund eben dieses und jenes noch nicht beherrscht.

▶ **TIPP**

Nehmen Sie erst dann an einem Turnier teil, wenn Sie sich den sportlichen Anforderungen sicher gewachsen fühlen.

Daher ist es von Vorteil, wenn Sie als Hund-Mensch-Team besser ausgebildet sind, als es die Anforderungen erfordern. Beim Turnier kommen ja ganz neue Herausforderungen auf Sie zu, wie die ganze Atmosphäre, die Aufregung, usw. Daher sollten Sie Ihre Erwartungen an das rein sportlerische Können etwas zurückschrauben.

Das Mindestalter für die Zulassung zur Prüfung ist 15 Monate. In dem Alter hat man die Möglichkeit, mit dem Hund in einer Beginnerklasse zu starten. Besser verzichten Sie jedoch mit einem so jungen Hund noch auf die Teilnahme am Turnier. Auch das Mindestalter von 18 Monaten für die Teilnahme an den anderen Klassen halten wir für sehr jung. Wenn Sie die Zeit mit einem jungen Hund jedoch dazu nutzen, sich so langsam an die Turnieratmosphäre zu gewöhnen und die Wettkämpfe eher wie ein Training unter starker Ablenkung sehen, mag das so in Ordnung sein.

Mini, Midi und
Maxi

Für die Turnierteilnahme an VDH-Agility-Veranstaltungen ist die Begleithundeprüfung Voraussetzung. Der Hund muss durch einen Chip oder eine Tätowierung identifizierbar sein.

Der Hundeführer muss einem VDH-Mitglied, also einem Verein angehören. Dort erhält er einen Leistungsnachweis, der den Hund auf seiner sportlichen Laufbahn begleitet und in den z.B. die Begleithundeprüfung eingetragen wird. Dort wird auch die Größe eingetragen, die entscheidet, ob der Hund als Mini (kleiner als 35 cm Widerristhöhe), Midi (ab 35 cm und kleiner als 43 cm) oder Maxi (ab 43 cm Widerristhöhe) startet.

Außer den VDH- bzw. FCI-Agility-Veranstaltungen gibt es auch noch andere Möglichkeiten, an Turnieren teilzunehmen, wo es dann z.B. auch Weltmeisterschaften speziell für Mischlinge bzw. für Hunde ohne FCI-Papiere gibt.

Außerdem gibt es z.B. auch die Internationale Vereinigung der Kynologischen Sportarten (IFCS). Dort geht es eben wirklich rein um den Sport und nicht darum, ob ein Hund einer bestimmten Rasse angehört oder ein Mischlingshund ist. Diese Vereinigung hat es auch zum Ziel, Agility zu einer olympischen Disziplin zu machen.

So dürfte jeder etwas finden, zu dem er sich zugehörig fühlt, auch wenn diese verschiedenen Systeme für manch einen etwas verwirrend erscheinen.

Wenn Sie Mitglied in einem Verein sind, wird Ihr Ausbilder Ihnen mitteilen, was an Anmeldeformalitäten und sonstigen Voraussetzungen für ein Turnier wichtig ist. Oder Sie erkundigen sich bei dem jeweiligen Veranstalter des Turniers.

▶ Der große Tag

So, alle Voraussetzungen sind erfüllt, Sie haben sich zu einem Turnier angemeldet und endlich ist der große Tag gekommen.

Sie sollten sich den Wecker früh genug stellen, damit keine Hektik aufkommt.

Wenn Sie den Verein nicht kennen, bei dem das Turnier ausgetragen wird, sollten Sie sich schon auf der Karte angesehen haben, wie Sie ihn finden. Planen Sie auch genügend Zeit für die Fahrt ein. Nichts ist schlimmer als Stress und Hektik im Vorfeld eines Turniers.

Hier geben wir Ihnen eine Checkliste, was Sie alles mitnehmen sollten:

▶ Checkliste für das Turnier

Für den Hund:

- ☐ Halsband
- ☐ Transportbox
- ☐ Wasser, Futter
- ☐ Impfpass
- ☐ Leistungsnachweis
- ☐ Decke, Handtuch
- ☐ Spielzeug
- ☐ Evtl. Sonnenschirm
- ☐ Erste-Hilfe-Set

Für sich selber:

- ☐ Kleidung zum Wechseln
- ☐ Etwas für warmes und kühles Wetter
- ☐ Regenschutz
- ☐ Sonnenschutz

Wenn Sie dann hoffentlich früh genug am Ort des Geschehens eintreffen, orientieren Sie sich erst einmal, wo Sie alles finden. Fragen Sie an der Anmeldung, wann Sie wo zu sein haben. Halten Sie auch schon direkt Ausschau nach der Toilette. Erfahrungsgemäß ist das ein sehr wichtiger Ort.

Dann widmen Sie sich Ihrem Hund. Leisten Sie ihm Gesellschaft oder machen Sie einen ruhigen Spaziergang. Wenn der Hund sich auch im Trubel gut entspannen kann, wählen Sie Ihren Platz so, dass Sie vielleicht den anderen Startern zusehen können. Wenn er – oder vielleicht auch Sie – dadurch zu nervös werden, ziehen Sie sich ruhig noch eine Weile zurück.

Etwas unkameradschaftlich finden wir es, wenn der Hund an einem Turniertag die ganze Zeit im Auto verbringen muss, um nur für seinen Lauf kurz herauszukommen.

Etwa eine halbe Stunde vor Ihrem Start sollten Sie anfangen, sich und Ihren Hund auf den Lauf vorzubereiten. Beginnen Sie mit einer Massage, die sie beide auch noch mal entspannen soll, aber auch schon die Muskulatur des Hundes erwärmt. Anschließend

Denken Sie im Sommer an Wasser und Sonnenschutz für den Hund, auch wenn es morgens noch bewölkt ist.

Vielleicht findet sich auch ein fleißiger Helfer, der den Hund mit Bällchenspielen aufwärmt.

machen Sie einige flotte Bei-Fuß-Übungen. Auch Bällchen werfen ist eine schöne Möglichkeit, den Hund aufzuwärmen. Jedoch sollten auch Sie sich währenddessen bewegen. Vielleicht haben Sie auch einen Bekannten oder Freund, der diese Aufgabe übernimmt, während Sie noch einmal die Toilette aufsuchen oder auch den Parcours abgehen, wenn es an der Zeit ist.

Unmittelbar vor dem Start sollten Sie mit dem Hund noch einige Konzentrationsübungen machen, wie z.B. einige Kunststückchen. Wählen Sie jedoch nur solche, die er schon gut beherrscht. Denn jetzt ist nicht die Zeit, daran zu arbeiten oder durch ein Misslingen irgendeinen Frust aufkommen zu lassen. Als ganz spezifische Vorbereitung auf das, was auf den Hund zukommt, lassen Sie ihn ein bis zwei Probesprünge machen. Wenn dazu kein Hindernis bereitgestellt ist, lassen Sie ihn über Ihre Arme oder Beine springen. Die haben Sie immer dabei. Auch der Slalom durch die Beine ist jetzt sehr gut angebracht. So können die Muskeln und die Gelenke sich schon mal langsam auf das einstellen, was sie in Kürze sehr schnell machen müssen.

So sind Sie beide bestens auf den Start vorbereitet.

Gehen Sie beim Abgehen des Parcours Ihren Weg, nicht den des Hundes.

TIPP

Auch beim Hund kann sich übrigens die Nervosität über Blase oder Darm äußern. Planen Sie ruhig häufigeres Gassi gehen ein.

▶ Wie kommt man aufs Sieger-treppchen?

Ob Sie gewinnen oder nicht, liegt zu einem sehr großen Teil an Ihrer geistigen Einstellung. Natürlich spielt auch das Können und der Trainingszustand des Hundes eine große Rolle. Wir hatten ja schon davon gesprochen, dass es sehr sinnvoll ist, wenn der Hund etwas übertrainiert ist, d.h., dass er z.B. im Training auch unbekannte Parcours öfter fehlerfrei läuft. Das heißt aber noch lange nicht, dass das dann auch im Turnier der Fall sein wird. Hier kommt nämlich noch die große Herausforderung der Aufregung hinzu. Ein wenig Aufregung ist ja gar nicht schlecht. Fehlt die nämlich ganz, fehlt meist auch der nötige Kampfgeist.

Aber zu viel davon können wir nicht gebrauchen.

Eine sehr gute Hilfe ist eben eine gute Vorbereitung, und zwar sowohl sportlich als auch organisatorisch, wie wir es oben schon beschrieben haben.

Sehr nützlich sind außerdem gewisse Rituale. Das könnte z.B. diese halbe Stunde vor dem Start sein. Etwas, was immer in der gleichen Art abläuft, gibt Sicherheit. Das gilt für Sie und den Hund.

Wichtig ist dann natürlich auch die innere Einstellung. Eine schöne Möglichkeit, sich mental auf einen guten Lauf vorzubereiten, ist das Visualisieren. Das bedeutet, dass Sie sich kurz Zeit nehmen, sich den Lauf mit dem Hund detailliert vorzustellen. Stellen Sie sich genau vor, wie er die Strecke meistert, indem er jede Hürde gut nimmt, alle Kontaktzonen trifft und auch schwierige Passagen mühelos bewältigt. Das ist auch eine gute Übung, sich den Parcoursverlauf noch mal klar

zu machen. Auch auf Ihre eigenen Bewegungen sollten Sie sich konzentrieren. Wo wollen Sie vor dem Hund wechseln? Wie wird sich das anfühlen? Stellen Sie sich das so bildhaft wie möglich vor.

So sollten Sie übrigens beim Abgehen des Parcours unbedingt Ihren eigenen Weg gehen, nicht den des Hundes. Sonst kann es sein, dass Sie während des Laufes ganz unbeabsichtigt in den Weg des Hundes geraten.

Beim Visualisieren lassen manche Menschen Bilder in ihrem Kopf ablaufen wie in einem Kino. Andere unterstützen das mit der Sprache. Dabei ist auf die Wortwahl zu achten. Vermeiden Sie alles Negative. So sollte es zum Beispiel nicht heißen: »Der Hund überspringt die Kontaktzone nicht«, sondern besser »Der Hund bremst vor der Kontaktzone schön ab und trifft sie sicher mit einer Pfote«. Unser Unterbewusstsein arbeitet mit Bildern. So abstrakte Begriffe wie »nicht« versteht es nicht. Daher ist es wichtig, ihm das

Ist keine andere Möglichkeit vorhanden, den Hund vor dem Start springen zu lassen, bilden Sie selbst die Hürde.

Eigentlich sind Sie bei jedem Turnier Gewinner: Sie haben einen ganz tollen Sportsfreund!

es leichter sein, wenn sie sich mit anderen über belanglose Dinge unterhalten und so abgelenkt werden.

Versuchen Sie herauszufinden, was Ihnen am besten hilft. Und denken Sie daran: Es ist alles Übungssache.

Ihre ersten Turniere sollten Sie unbedingt als Trainingsmöglichkeiten sehen. Haben Sie noch nicht den Ehrgeiz zu gewinnen, sondern arbeiten Sie an eventuellen Schwierigkeiten, die Ihr Hund in dieser neuen Situation hat, und arbeiten Sie an Ihrer Einstellung.

richtige Bild zu übermitteln, damit es für uns arbeiten kann. Dieses Visualisieren üben Sie am besten schon jedes Mal im Training. Denn auch das ist einfach eine Trainingssache, die Sie Stück für Stück weiterentwickeln können.

Wenn Sie dann endlich mit dem Hund im Parcours sind, versuchen Sie, Ihren Kopf ganz leer zu machen. Auch das ist eine Sache, die man schon im Training üben kann. Aber auch das muss trainiert werden. Das kommt bei den meisten Menschen nicht von heute auf morgen. Eine gute Vorübung dazu ist, dass Sie sich bewusst auf Ihren Körper konzentrieren. Fühlen Sie Ihre Atmung. Atmen Sie einige Male tief durch. Achten Sie auf jedes Gefühl in Ihrem Körper. Wie fühlt sich der Boden unter Ihren Füßen an? Wo treffen die Sonnenstrahlen Ihren Körper und erwärmen ihn?

Vermeiden Sie es auch, sich vor dem Turnier zu viele Gedanken zu machen. Negative Gedanken sind dabei genauso schlecht wie positive. Lassen Sie sich von Ihren Gedanken nicht unter Druck setzen. Eine gute Möglichkeit ist es auch, sich voll auf den Hund zu konzentrieren. Für manche Menschen mag

TIPP

Sehen Sie Ihre ersten Turniere als Trainingsmöglichkeiten: Training unter großer Ablenkung.

Wenn Sie auch da Schritt für Schritt vorgehen und sich für jedes Turnier eine Kleinigkeit vornehmen, die Sie und Ihr Hund realistisch erfolgreich schaffen wollen, und bei dem Rest einfach Ihre Anforderungen völlig zurückschrauben, werden Sie mit der Zeit immer besser. Außerdem haben Sie jedes Mal Erfolg, wenn auch nur im Kleinen und für die anderen nicht unbedingt sichtbar.

So können Sie sich für das erste Turnier einen schönen Start vornehmen. Wenn der dann klappt, können Sie nach zwei bis drei Sprüngen auch schon abbrechen und den Hund ganz toll belohnen. Das wird dann zwar eine Disqualifikation, aber Sie haben Ihr kleines Ziel erreicht. Außerdem hat der Hund dadurch keine Chancen, Fehler zu machen. Auch Sie werden so immer sicherer und nehmen dadurch den Druck vom Hund.

So können Sie sich von einem kleinen Ziel zum nächsten arbeiten, um in der zweiten oder dritten Saison gute fehlerfreie Parcours zu laufen.

Wenn man erfolgreich sein will, sind die Ziele wichtig, auch wenn sie am Anfang nur klein sind. Auch die Bezwingung des höchsten Berges muss mit dem ersten Schritt begonnen werden.

Außer von Ihrem eigenen Können hängt das Turnierergebnis auch von dem Können der anderen ab. Und das berühmte Quäntchen Glück gehört natürlich auch dazu. Nehmen Sie daher immer Ihre eigenen Leistungen als Maßstab.

Auf einem Video können Sie Ihren Lauf kritisch beurteilen, um aus eventuellen Fehlern zu lernen.

TIPP

Orientieren Sie sich im Turnier nicht in erster Linie an den anderen, sondern nehmen Sie Ihre eigenen Leistungen als Maßstab.

Wenn Sie es schaffen, Ihre persönlichen Leistungen im Turnier zu halten oder sogar noch zu übertrumpfen, können Sie sehr zufrieden mit sich sein. Wenn das dann auch noch für eine gute Platzierung reicht, ist es natürlich umso besser.

▸ Nach dem Turnier

Unmittelbar nach dem Lauf zeigen Sie Ihrem Hund erst einmal wie toll er war. Verlassen Sie spielend den Parcours. Denken Sie daran, dass der Hund sich diesen Sport nicht ausgesucht hat. Er macht mit, weil wir das so möchten. Also sind wir ihm zumindest schuldig, dass wir zufrieden mit ihm sind, selbst wenn es mal nicht so optimal geklappt hat. Denn die Fehler sind ja doch meist den Menschen anzulasten.

Genauso wie wir den Hund vor dem Start aufgewärmt haben, ist es jetzt sinn-

voll, dass er sich wieder abkühlen kann. Gehen Sie noch eine Weile mit ihm spazieren, um ihn anschließend zur Entspannung zu massieren. Das hilft dem Hund, sich schneller zu regenerieren.

Ein Analysieren Ihres Laufes, kann für das weitere Training sehr nützlich sein. Vielleicht hatten Sie einen Bekannten, der Ihren Lauf auf Video aufgenommen hat. Dann können Sie ihn sich in Ruhe ansehen und versuchen, Ihre Fehler zu erkennen. Vielleicht machen Sie das zusammen mit Ihrem Ausbilder. Danach sollten Sie sich dieselben Fehler nicht wieder und wieder ansehen. Diese Bilder könnten sich nämlich sonst zu sehr in Ihrem Unterbewusstsein verankern. Lernen Sie aus den Fehlern und vergessen Sie sie so schnell wie möglich wieder. Überdenken Sie Ihr Training und wählen Sie unter Umständen kleinere Ziele, die Sie erfolgreich erreichen können.

▸ Einige kritische Anmerkungen

Wir wollen dieses Buch über den Agility-Sport nicht ohne einige kritische Anmerkungen beenden.

So ist die Einteilung in die unterschiedlichen Kategorien Small (S),

  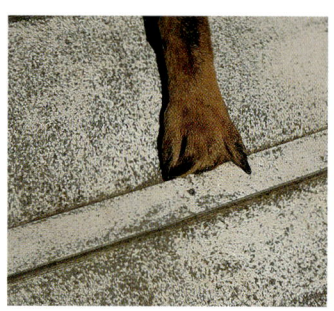

Links: Fast sieht es schon unnatürlich aus: die Stellung der Pfoten bei der Landung.
Mitte: Eine steile A-Wand ist extrem belastend für die Gelenke.
Rechts: Hohe Querlatten bergen ein hohes Verletzungsrisiko.

Medium (M) und Large (L) sehr kritisch zu betrachten. Denn schließlich spielt nicht so sehr die Größe eines Hundes eine Rolle für sein Sprungvermögen, als vielmehr das Verhältnis seiner Größe zu seinem Körpergewicht. Es ist daher schon ziemlich unfair, wenn z.B. Border Collies in derselben Kategorie starten wie die viel schwereren Labradore. Das führt dann auch mit dazu, dass es nur noch so wenige verschiedene Rassen auf den Turnieren gibt. Und die Erfolgreichen sind eben hauptsächlich die, die ein optimales Verhältnis Gewicht:Körpergröße haben. Das kann doch aber nicht das Ziel sein!

Außerdem sehen wir bei der Höhe der Hindernisse die immer steigende Geschwindigkeit sehr kritisch. Ein 65 cm hohes Hindernis ist an sich schon nicht ohne, in Hinsicht auf die Belastung der Knochen und Gelenke. Mit zunehmender Geschwindigkeit steigt diese Belastung um ein Vielfaches. Zum Nachdenken soll das Foto anregen, das zeigt, inwieweit sich das Karpalgelenk des Hundes bei der Landung durchbiegt. Wenn man ein Vorderbein des Hundes in die Hand nimmt, z.B. bei der Massage, ist diese Art der Bewegung fast unvorstellbar. Leider sind die ganzen Bewegungsabläufe so schnell, dass man sie so gar nicht wahrnimmt,

sonst wären bestimmt schon mehr Menschen ins Grübeln gekommen.

Dasselbe gilt für die A-Wand. Auch die bedeutet eine extreme Belastung für die Gelenke (siehe Foto). Was uns außerdem beim Fotografieren dieser Bilder aufgefallen ist, ist das Verletzungspotential, das die Querlatten auf dem Abgang bilden. Man sieht deutlich, wie die Zehen dadurch gequetscht werden können. Auch das sieht man leider in der Geschwindigkeit des normalen Bewegungsablaufes nicht. Heutzutage müsste es doch schon möglich sein, solche rutschfesten Beläge auf den Hindernissen anzubringen, dass diese Querlatten nicht mehr nötig sein sollten. Und warum muss die A-Wand so steil sein?

Niedrigere Hindernisse mit schwierigerem Parcoursverlauf, bei dem es eben mehr auf die Verständigung von Hund und Mensch ankommt, würden diesem an sich tollen Sport bestimmt nichts an Spannung nehmen! Eher das Gegenteil ist der Fall, weil dann auch andere Rassen wieder eine Chance hätten.

Zum Schluss also noch mal ein Appell an alle Agility-Sportler: Agility ist ein sehr schöner und für die Beschäftigung der Hunde ein sehr sinnvoller Sport. Er sollte jedoch nicht auf Kosten der Hunde durchgeführt werden!

Service

Service

▶ **Adressen**

www.agility-ch.ch
Eine sehr informative Agility-Seite mit 5.500 Parcourspläne, Reglements, Verbänden, internationalem Turnierkalender usw.

www.tierakademie.de
Auf dieser Homepage wird die Tier- und Hundeschule von Frau Theby vorgestellt. Hier findet man Informationen über ihre Seminare.

www.smart-99.com
Frantz Tierbedarf
Burg 2
88353 Kisslegg
Tel.: 07563-92192

▶ **Zum Weiterlesen**

Advanced Agility Workbook. Clean Run Productions, 1997, USA.
Donaldson, Jean: Hunde sind anders. Kosmos, Stuttgart 2000.
Feltmann-von Schroeder, Gudrun: Welpentraining mit Gudrun Feltmann. Kosmos, Stuttgart 2000.
Führmann, Petra und Nicole Hoefs: Erziehungsspiele für Hunde. Kosmos, Stuttgart 2002.

Hoefs, Nicole und Petra Führmann: Das Kosmos-Erziehungsprogramm für Hunde. Kosmos, Stuttgart 1999.
Jones, Renate: Welpenschule leicht gemacht. Kosmos, Stuttgart 1997.
Lausberg, Frank: Erste Hilfe für den Hund. Kosmos, Stuttgart 1999.
Mah, Stuart: Course Design, Fundamentals of Course Design for Dog Agility. Clean Run Productions, 1998, USA.
Merklin, Lily: Dogging – fit mit Hund. Kosmos, Stuttgart 2003.
Pietralla, Martin und Barbara Schöning: Clicker-Training für Welpen. Kosmos, Stuttgart 2002.
Pietralla, Martin: Clickertraining für Hunde. Kosmos, Stuttgart 2000.
Pryor, Karen: Positiv bestärken, sanft erziehen. Kosmos, Stuttgart 1999.
Tellington-Jones, Linda: Tellington-Training für Hunde. Kosmos, Stuttgart 1999.
Theby, Viviane: Hundeschule. Kosmos, Stuttgart 2002.

Winkler, Sabine: Hundeerziehung. Kosmos, Stuttgart 2000.
Winkler, Sabine: So lernt mein Hund. Kosmos, Stuttgart 2001.
Zink, Christine und Julie Daniels: Jumping from A to Z. Canine Sports Productions, 1996, USA.

Bildnachweis
Farbfotos von Pedigree Pal (S. 108), Christof Salata/Kosmos (S. 3, 4, 10 beide, 14 und 89 unten), Viviane Theby (S. 6, 7, 12 oben, 21 alle drei, 61, 62, 75, 76 und 77 alle fünf, 86, 88 unten, 89 oben, 91, 93 unten, 95, 98, 104 oben, 106 unten, 107 alle drei, 115, 116 alle drei) und Karl-Heinz Widmann/ Kosmos (alle übrigen 94 Aufnahmen).

13 Farbzeichnungen von Wolfgang Lang nach Skizzen der Autorin.

Der Verlag und die Autorinnen danken der Fa. Frantz Tierbedarf für das Stellen der Hindernisse für die Fotoaufnahmen.

Impressum
Umschlaggestaltung von Atelier Reichert, Stuttgart, unter Verwendung Aufnahmen von Pedigree Pal (Titel) sowie Karl-Heinz Widmann (kleines Bild und Rückseite).

Mit 154 Farbfotos und 13 Farbzeichnungen.

Informationen senden wir Ihnen gerne zu

Bücher · Kalender · Spiele · Experimentierkästen · CDs · Videos
Natur · Garten & Zimmerpflanzen · Heimtiere · Pferde & Reiten · Astronomie ·
Angeln & Jagd · Eisenbahn & Nutzfahrzeuge · Kinder & Jugend

KOSMOS Postfach 10 60 11
D-70049 Stuttgart
TELEFON +49 (0)711-2191-0
FAX +49 (0)711-2191-422
WEB www.kosmos.de
E-MAIL info@kosmos.de

Bibliografische Information Der Deutschen Bibliothek
Die Deutsche Bibliothek verzeichnet diese Publikation in der Deutschen Nationalbibliografie, detaillierte bibliografische Daten sind im Internet über http://dnb.ddb.de abrufbar.

© 2003, Franckh-Kosmos Verlags-GmbH & Co., Stuttgart
Alle Rechte vorbehalten
ISBN 3-440-09382-4
Projektleitung: Angela Beck
Redaktion: Alice Rieger
Grundlayout: eStudio Calamar
Satz und Layout: Andrea Kunkel, Stuttgart
Printed in Czech Republic / Imprimé en République tchèque
Druck und Binden: Těšínská Tiskárna, a. s., Český Těšín

Der Kosmos Verlag ist Mitglied in der

GKF

Gesellschaft zur Förderung Kynologischer Forschung e. V.

Postfach 140353
53058 Bonn
Service-Telefon
01 80 / 3 34 74 94

Hundepass

NAME

GESCHLECHT

TÄTOWIERUNG

GEWORFEN AM

BEKOMMEN AM

BESONDERE MERKMALE

WICHTIGE ADRESSEN

TIERARZT

TIERÄRZTLICHER NOTDIENST

HUNDEVEREIN

HUNDEPENSION

HAFTPFLICHTVERSICHERUNG

ZOOFACHHANDEL

InfoLine

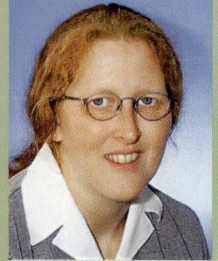

Viviane Theby

ist seit ihrer Kindheit tier-
begeistert und hat ihre
Passion zum Beruf gemacht:
sie ist Tierärztin mit eigener
Praxis und Spezialistin für
Verhaltenstherapie. In Witt-
lich, bei Trier, leitet sie die
Tierakademie Scheuerhof,
in der Ausbildungskurse für
Hunde, Welpenspielstunden,
Clickertraining, Dogdancing,
Obedience und Flyball ange-
boten werden. Selbstverständlich veranstaltet Viviane Theby
auch Agility-Kurse, in denen
ihr ihre langjährige Erfahrung im Umgang mit Tieren
zu Gute kommt. Ganz besonders am Herzen liegt ihr die
gewaltfreie und artgerechte
Ausbildung.

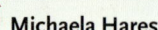

Michaela Hares

ist Mitarbeiterin der Tierakademie und leitet Agility-
Kurse für Anfänger und
Fortgeschrittene.
Sie betreibt seit vielen Jahren
mit ihrem Hund Silas
Agility, Dogdancing, Obe-
dience und Rettungshunde-
arbeit. Michela Hares setzt
sich sehr für einen gewalt-
freien Umgang mit Tieren
ein.

Sie können sich mit ihren
Fragen und Problemen
an Viviane Theby und
Michaela Hares wenden.
Schreiben Sie an die
»Hunde-InfoLine«
(bitte mit Rückporto):

Kosmos Verlag
»Hunde-InfoLine«
Postfach 10 60 11
D-70049 Stuttgart